実話拾遺
うつせみ怪談

丸太町小川

竹書房
怪談
文庫

はじめに

「お化けなんてないさ。お化けなんてウソさ」

おそらく普段、ほとんどのみなさまがこう考えておられると思います。

実を言うと、僕もそうです。

でも同時に、

「だけどちょっと、だけどちょっと……」


と感じることがあるのも、また人情ではあるでしょう。

本書に収められている話は、どれも僕が取材などを通じて誰かから聞いた話を元にしています（聞いた話を発端に、資料などを調べた話もありますが）。つまり、実際に語られた話（または実際のこととして語られた話）という意味での「実話」ではあるわけです。

もちろん、必ずしも聞いた話をそのまま記したわけではなく、僕なりに解釈したり、時には脚色や演出を加えたものもあります。固有名詞を変更したくらいでほとんど聞いたままのものから、諸事情を考慮しそれなりの改変をほどこしているものまで、その程度は話によってさまざまですが、いずれにせよ、全くの僕の空想や妄想を書いたものではありません。

どこかで誰かが「実話」として語る怪異。

これらを全て読み終えてなお、「お化けなんてウ〜ソ〜さ〜っ！」と高らかに歌い上げることができるかどうか。ぜひ本書をお手に取っていたき、ご自身で確かめてみてください。

著者

引用　槇みのり作詞、峯陽作曲〈お化けなんてないさ〉

目次

※本書に登場する人物名は、様々な事情を考慮してすべて仮名にしてあります。また、作中に登場する体験者の記憶と体験当時の世相を鑑み、極力当時の様相を再現するよう心がけています。現代においては若干耳慣れない言葉・表記が登場する場合がありますが、これらは差別・侮蔑を意図する考えに基づくものではありません。

あんたやなかった

急に全身がぐっと重くなって動けない。やっとのことで座っている椅子の背にもたれかかるが、腕や足をわずかに動かすのも億劫だ。さらに胸のあたりを中から掻き回されるような得も言われぬ不快感が襲い、次第に強くなってくる。

つらい。

サキさんは中学生の頃のある時期、しばしばこんな症状に悩まされたという。いくつかの病院で検査をしたが特に異常は見つからず、自律神経の問題だろうと言われ、これといった治療はなされなかった。普段はどうということはないのだが、症状は突如、不定期にやってくる。現れたら、しばらくじっと耐えるしかなかった。

「あんたやなかったわ」

そんなある日の教室で、後ろから唐突に話しかけられた。
驚いて振り向くと、同じクラスのエミコが無表情で立っている。

「え？」

聞き返すと、エミコは間髪入れずに

「盗ったん、あんたやなかったわ。カナやったわ」

と続ける。

エミコはクラスで浮いた存在で、普段から誰とも話さずひとりでいた。いじめられているわけではなく、むしろ皆が関わらないようにしているような存在だった。小学生の頃にこの地域に越してきたサキさんにはわからなかったが、エミコのみならず、この地に古くから住んでいるらしいエミコの一家全員が、集落では特殊な存在として扱われているようだ。まさしく腫れ物に触るように、という感があった。

そのエミコが言うには、当時流行していたキーホルダー型の育成ゲーム機を盗られたそうで、怪しいと思ったカナを問い詰めると、カナがサキさんの名前を挙げたらしい。エミコとしては、それでサキさんが犯人だと思い込んだようだ。

「わたしじゃないよ……」

というサキさんの台詞が終わらぬうちにエミコは、

「だからこれ、返すわ」

と言ってヘアゴムを突きつけてくる。

「え……？」

返すと言うからには、わたしのものなんだろう。確かに見覚えはある。そう思ってサキさんが受け取ると、そこにはサキさんのものらしい、少し癖のある毛髪がわずかに絡みついている。

戸惑うサキさんを窺うように見つめるエミコは、一瞬ニヤリと微笑んだように見えたが、そのまま他所《よそ》へ行ってしまった。

その日を境に、サキさんの症状はピタリと治まった。あんなにつらかったのが、まるで嘘のようだ。

そして丁度その頃から、カナが体調を崩し始めた。

症状はみるみる悪化し、二学期の終わり頃には学校にも来られないほどになった。明るく活発なタイプのカナは男女問わず人気があり、クラス全体がそのことを心配する雰囲気になっていた。もともとサキさんはカナと同じ友人グループに属しており、そのグループの面々はなおさら、毎日のようにそこにはいないカナを気遣う台詞を交わした。

もちろん、サキさんもだ。

ただ、サキさんにとっては、

「なんでわたしのせいにしたのよ」

というのが心配よりもむしろ本心だったそうだ。

エミコが言っていたゲーム機の件は、他には誰も知らないようだった。エミコが言ったことが本当なのかどうかもわからない。

それでもサキさんは、空々しくカナを心配する素振りをするたびに、つい無意識にエミコの方を見遣ってしまう。エミコはいつも変わらず、自分の席で机に突っ伏している。サキさんのことなど眼中にないかのように。

結局その後、カナともエミコとも一度も言葉を交わすことなく卒業に至った。高校も別々となり、大学進学を機に転居したこともあって、カナやエミコが今どうしているのか、サキさんは全く知らないという。

ムシが憑く

職場の先輩Nさんが、中学生の頃の話。

父の仕事の都合で転居が多かったNさんは、九州のとある田舎に移り住むことになった。クラスで席が近かったことから地元民のE君と親しくなったNさんは、ほどなくE君の友人二人を交えた四人で行動を共にするようになる。

そんなある日、グループの中で「Nをあそこに連れて行こう」という話になった。何のことかよくわからぬまま、Nさんは三人に連れられて山手の雑木林を奥まで入っていく。未舗装の小道の先に、同じような細道と交わる辻が見えた。

その辻に差し掛かった時――。

前を行く三人がガクッと膝から崩れ落ち、そのまま倒れてしまった。

「えっ？」

驚いた刹那、カメラのフラッシュの残像のようなチカチカが視界にワッと広がり、同時に血管に鉛が流れるかのような重だるさが全身を襲う。とても立っていられない。そのまま倒れこんでしまうが、さらに胸のあたりが圧迫されて息をするのもままならなくなった。

——苦しい。

助けを求めるつもりで見上げると、ついさっき倒れたはずの三人は何事もなかったかのように快復しており、苦しむNさんを見下ろしてニタニタと笑っている。ひとり倒れ込んだままのNさんは、彼らに「助けてくれ！」と言おうとするが声にならない。

――ううう。

その様子を見て、三人は声をあげて笑った。

E君が「もうええだろ」とNさんの手を掴み、そのまま強引にNさんの口元に持っていって、

「ほれ舐めろ。はよ舐めんと死んでまうち」

と言う。苦しさのあまりまともに考えることもできないNさんは、藁をも掴む思いでベロベロと自分の掌を舐めた。すると何故か、少しずつ体が楽になるように思える。Nさんは必死で掌を舐め続けた。

しばらくそうしていると、徐々に落ち着きを取り戻してきた。立つこともままならぬほどだった全身の苦痛はほとんど消え失せたが、それでも頭痛が残ったため、その日は何が

起こったのかもわからぬまま早々にひとりで帰宅したという。

翌日にはもう不調を感じなかったので、いつも通り登校することにした。教室で席に着くと、後からやってきたE君はバツが悪そうにしながらも「よっ」と声をかけてくる。

「昨日の、あれな……」

前の席の椅子に横向きに座り、こちらには顔を向けないままでE君は説明し始めた。あの辻のあたりに行くと、ヒイムシとかいう「ムシ」が憑くのだそうだ。この「ムシ」に憑かれると、悪くすればそのまま命を落とすこともある。この集落には古くからそう伝わっており、実際、事情を知らぬ他所の者が行き倒れたこともあったという。

ヒイムシに憑かれた時には、とにかく掌を舐めるとよいのだそうだ。それがどういうことを意味するのかはわからないが、掌を舐めていれば自然と「ムシ」は落ちる。昔からそう言われてきたのだという。

「これでおまえも、集落の一員ちゃ」

E君はつとめて明るい声色でそう言ってNさんの方に向き直ったが、Nさんはすでに心を閉ざしてしまっていた。

彼らに悪気があったわけではないのだろう。それはわからなくはない。が、しかし——苦しむ自分を見下ろす彼らのあの嬉しそうな笑顔がどうしても頭から離れない。そう簡単になかったことにはできなかった。

結局Nさんは、数年後にまた他所へ引っ越すまで周囲とは常に距離を置き、集落の人たちと打ち解けようとはしなかったという。

鏡の中のパクパク

大学生のFさんが、子どもの頃に祖母から聞いた話。

祖母が暮らしていた九州のある地域では昔、集落の誰かが亡くなると、未婚の女性は鏡を肌身離さず持ち歩くという風習があったそうだ。初七日までの間、ごく小さな手鏡でよいのだが、その鏡は他人に見られてはならず、必ず隠し持つべきとされていた。

祖母が小学生の頃、何の気なしに放課後の教室を覗くと、仲良しのAちゃんの机の上にAちゃんのランドセルが置いてある。忘れて帰ったのかと思い手に取ろうとすると、肩ベルトが机に引っかかり、そのまま落下してしまった。

「あっ」

ランドセルの中身がざばっと教室の床に散らばる。丸く小さな木製の背を上にして、Aちゃんの手鏡も放り出された。

「ああっ」

見てはならない物を見てしまった祖母は咄嗟にそれを拾い上げた。とにかく急いでランドセルにしまおうとするが、その際、ちらりと鏡面に目をやると、

パクパクパクパクパクッ。

鏡に一昨昨日《さきおととい》に亡くなった、同じ集落のY家のお爺さんの口元が映り、それがものすごい速さで開閉を繰り返している。

「えっ！」

驚いた祖母は反射的に鏡を放り出し、そのまま走って帰ってしまった。鏡に映る口の開閉の速さが尋常ではなく、何よりそれが怖ろしかったのだという。

帰宅後、祖母は見たことを誰にも言えず、ひとりで怯えていたのだが、その晩から酷い高熱が出て三日間寝込むことになった。


ようやく熱が引き学校に行ってみると、Aちゃんはいなくなっていた。

なんでも急に引っ越すことになったそうで、家族共々集落を去ったのだという。


「ここからは、私の気のせいかもしれませんが……」


話を聞かせてくれたFさんは続ける。

祖母はFさんが高校生の頃に亡くなっている。六十代というから早く亡くしたというべきだろうが、その通夜でのこと。

祖母と最後の対面しようと棺の御扉《みとびら》を開ける。優しかった祖母の顔にしばし見入っていると……。

パクパクッ

その口が、二度ほど素早く開閉した。

Fさんは驚きのあまり声も出せず、体が硬直してしまい立ち尽くすしかなかったが、やがて腰が抜けたように力が入らなくなってその場にしゃがみ込んだ。混乱して頭が全く働かず、そのためか意識とは関係なく涙があふれ出た。

その場にいた家族は祖母を亡くした悲しさで泣いていると思ったのか、肩を抱いたりしてくれたが、彼女の震慄《しんりつ》はしばらく治まらなかったという。

家族が鏡の風習のことを知っているかどうかはわからない。いずれにせよFさんは、今なおこのことを家族には話していないそうだ。

タイムカプセル

郊外の古びた公団団地の敷地の一角、公園はかつてと同じように今もあった。記憶していたよりも随分と小さい滑り台の裏手は、植木や生垣が無造作に生えていてやや鬱蒼としている。そのうちの一本の木の根本を掘ると、ちゃんとそれは埋まっていた。

さすがにもう遺《のこ》っていないだろうと思っていたので、むしろ意外だった。

T君と幼馴染みのケンジ、ミサの三人は、小学六年の春休みにタイムカプセルを埋めた。カプセルといっても、金属製のお菓子の空き箱に、各々が当時好きだった物や未来の自分に宛てた手紙、三人で撮った写真などを入れて近所の公園に埋めるというお遊び程度のものだ。

二十歳になる年の同じ日にここで集まって、みなで掘り出そうという約束だった。

約束の日の今日、T君はケンジと二人で掘り出しに来た。ミサはいない。

彼女は高校二年の頃に亡くなっている。

病気だと聞かされたが、どうやら自殺らしいとも噂された。ミサだけが中学から私立に通うことになり、次第に疎遠になったため詳細はわからないが、もちろんお通夜には参列した。

遺影でぎこちなく微笑むミサは、よく知った小学生の頃の彼女からすると随分と容姿も雰囲気も垢抜けており、むしろそのことに、なんとなく取り残されたかのような寂しさを感じたことを覚えている。

二人とも本心ではもうないだろうと思っており、なかば義務として、ないし儀式として掘ってみるだけのつもりだったカプセルは、いとも簡単に掘り出せてしまった。誰かに曝かれることもなくよく遺っていたものだ。

とりあえず今もこの付近に住むケンジの家に持ち帰り、二人はしんみりとした心持ちで開封の儀式を行った。

まず、ビニールテープでぐるぐる巻きにされた菓子箱の蓋を外す——。


中を一目見て、その異様さに言葉をのんだ。

二人とも、凍りついたように動けない。


T君が入れたバトルゲーム用のカードにも、ケンジが入れたキャラクターシールにも、黒い油性ペンでバツ印が書かれ、手紙には大きな「呪」の字と、解読不能な細かい文字らしきものがびっしりと書き込まれている。ミサが入れた物と手紙はなくなっており、三人の写真は彼女の部分が切り除かれ、T君とケンジの顔のみがぐりぐりと塗り潰されている。

書き込まれた文字らしきものの筆跡から考えて、書いたのは当時のミサだろう。

おそらく彼女は、カプセルを埋めた後にひとりでそれを掘り起こし、こんなことをしてから再び埋め戻したのだ。

T君は自分の中で何かが崩れ落ちるように感じた。

あんなに仲が良かったのに、ミサは自分たちを呪っていたのか。自分たちのあずかり知らぬところで、こんなことをせざるを得ないほど自分たちを憎んでいたのか。

いや、あるいは、彼女なりの悪い冗談だったのか。たとえばドッキリの類いの悪戯《いたずら》を仕掛けようとして、そのためにこんなことを――?

今となっては、確かめる術もない。

「呪」などと書いたミサがすでに亡くなり、書かれた側の二人が何事もなく安穏と暮らしていることが皮肉に思えた。

結局、カプセルはT君が持ち帰ることになった。ケンジの物と手紙は彼に渡したが、サビの出た菓子箱を家に置いておくことをケンジは頑なに拒否したのだ。だからといって、捨てるのも気が引けた。

通っている大学の近くでひとり暮らしをするT君は、アパートの押し入れの奥にこの菓子箱をしまい込み、そのことをできるだけ考えないようにしたのだという。

「あくまで、気のせいですよ。気にしすぎているから、そう思えちゃうだけのことなんでしょうけど……」

と何度も念を押した上で、T君は語る。


その日以来、ひとりでアパートにいると、押し入れの中から油性ペンで何かを書く時特有の、キュッという音が聞こえる気がするという。あえて注意を払わなければ聞こえない、意識して聴けばわずかに聞こえる程度のかすかな音量だ。

もちろん気のせいに違いない。

実際、録音状態にしたボイスレコーダを押し入れの中に入れっぱなしにしてみても、そんな音は録れはしないのだから。音量が小さすぎて確認できないだけだろうか。そう思って録音データをパソコンの音声編集ソフトで拡大してみても、やはり該当するような音は入っていない。

無いはずなのに、それでもふとした瞬間に、わずかだが確かに聞こえてくるのだと。
あくまで気のせいだとするT君は、まだこのことをケンジには話していないそうだ。

M先生の笑顔

関西のとある大学生が聞かせてくれた話。

仮に彼をA君としよう。


A君が小学五年生の頃、クラスで空前の「呪いごっこ」ブームが起こった。

いつ誰が始めたのかはわからないが、白い紙を人型に切り抜き、呪う相手の名前を書いて押しピンで刺した後、教室の後ろの隅にあるパイプスペースに入れておくというものだ。

パイプスペースには金属製の扉があり、簡易に施錠されていたが、要領さえつかめば、安全ピンなど先の尖ったものを使って誰にでも開けることができた。

呪いと言ってもしょせんは面白半分の冗談で、友だち同士がふざけてやり合う程度のものだったのだが、ある日、パイプスペースの中の紙人形が担任のM先生に見つかってしまった。

偶然にも、その時見つかった人形には、クラスにややなじめていない児童の名前が書かれていた。そのため、これはいじめだと捉えられ、ホームルームで取り上げられる騒ぎになった。

M先生は普段から闊達で親しみやすく、児童からの信頼も厚い人気の教員だ。その先生が、この時ばかりは目に涙を浮かべて「呪いごっこ」をやめるよう訴えた。たとえ冗談のつもりでも、クラスの仲間を嫌な気持ちにさせることは絶対にやめて欲しいと切々と語りかけた。

それを機に、クラスのみなが「呪いごっこ」をやめた。

パイプスペースを開ける者もいなくなり、流行りは他の遊びへと移っていった。

今思えば、あの時名前を書かれた児童は当然嫌な思いをしていただろうし、もし放置していたら、あれが本当に深刻ないじめにつながる契機になっていた可能性もなくはない。

M先生の対応は、適切なものだったと言えるだろう。

それから一ヶ月ほど経ったある日の放課後。

A君と、仲良しだったB君の二人は、他に誰もいない教室で何の気なしにパイプスペースを開けてみた。

中を覗いてみると、薄暗く埃だらけのスペースの奥の方に何かが投げ込まれている。よく見るとそれは、五センチほどの釘に串刺しにされた数十枚の紙人形の束だった。


「あ、誰かまだやってるやん！」


A君は少し嬉しくなって紙束を取り出した。

あくまで遊びとしての「呪いごっこ」を気に入っていた当時のA君としては、先生に諌《いさ》められて流行が終わってしまったことを少々不本意に思っていたのだ。

少し妙なのは、紙人形が束になっていたことだ。かつて流行していた時にはこんなやり方をする者はいなかった。そう思いながらもA君は嬉々として紙束をB君に渡す。

B君も乗り気で、さっそく誰の名前が書かれているのか見ようとする。

「え？」

そこで二人は、言いようのない気味悪さに総毛立った。

束になった紙人形の一枚一枚に、出席番号順でクラスの児童のフルネームが書かれている。全員分、漢字で正しく丁寧にだ。

子どもの悪ふざけとは思えない。この几帳面な筆跡は――。

まさか、M先生……？

怖ろしくなった二人は、このことは誰にも言わないでおこうと約束して帰宅した。実際、二人は家族も含め誰にもこのことを話さなかった。

翌日、クラスの朝礼が終盤にさしかかった頃、M先生が不意に、

「それから、AとB、あのな……」

と両名の名前を呼んだ。

A君は全身に緊張が走り、胸のあたりがキュッとなって微動だにできない。

――昨日見た紙人形の束は、やっぱりM先生の仕業だったのか。自分たちは見てはいけないものを見てしまったのか。そして、なぜだかはわからないが、見たことが先生にバレているにちがいない。そのことで、自分たちは一体どういう罰を与えられるのか――。

ほんの一瞬のうちによからぬ想像が頭の中を駆け巡る。先生と真っ直ぐに目を合わせたまま動けずにいるA君に向けて、M先生はまるでお面のような無機質な笑顔をニッと作り、

「いや、まあええわ。わかっとるやろ」

とだけ言うと次の話題へと話を進めた。

いつもとは明らかに違う硬くのっぺりとした笑顔は、一目見ただけで背筋が寒くなるものだった。A君は、今でもあの笑顔を夢に見ることがあるという。

A君の記憶によれば、その後、クラスの児童に災難が訪れるようなことは特になかったそうだ。

あえて言えばその年の冬、M先生と、例のクラスになじめていない児童を除くクラスの全員がインフルエンザに罹患し、学級閉鎖に追い込まれたという。もっとも、インフルエンザは他のクラスでも猛威を振るっていたし、紙人形の束の中にはあのなじめていない児童の名前も記されていたので、これが紙人形の束と関係するとは思えない、というのがA君の見解だ。

ただ、B君はそうは考えなかった。

B君は、M先生がクラス全員に呪いをかけたと信じ込んでしまったようだ。

以来、M先生のことを極端に怖がり、意思疎通がうまくできないようになってしまった。なまじ他の児童が先生を信頼していたこともあり、そのことでクラスでも少しずつ浮いた存在になっていった。信頼していた先生が児童を呪っているということへのショックはもちろん、どうやら呪いの効力を本気で信じ、心の底から恐れているようだった。

六年生に上がる際にクラスが分かれたことから、B君とはそのまま疎遠になった。中学の学区も異なっていたため、卒業後は顔を合わせることもなくなったが、確か高校一年か二年の頃、街中を走るバスの中で偶然見かけたことがあるという。

その時のB君は、全身黒色の小汚い服装で椅子に腰掛け、抱え込んだリュックにはお守りやお札、小さな藁人形らしきものが無数にぶら下がっていた。何かブツブツと独りごとを呟きながら、いわゆる貧乏揺すりを激しく繰り返していて、それに合わせてリュックのお守りに付いている鈴がチリチリと不快な音を立てていた。

尋常でない様子に話しかけることを躊躇してしまったが、卒業して以後、B君を見かけたのはその一度きりだった。

このことでA君は、やはり呪いとか祟りとか、そういうものには安易に触れてはいけないと悟ったそうだ。以来、それらの事柄を極力避け、意識して視界に入れないように暮らしているという。

たかったよ

大学生のS君が今も趣味として続けている剣道を始めたのは、小学四年生の頃だった。週末に地元の小学校の体育館でやっている、いわゆる少年剣道に参加したのだ。

週一回の練習を四、五ヶ月ほど続け、そろそろ防具を着ける段階となる頃。防具は原則として各自で購入することになっていたが、貸出し用のものも何セットかは用意されていて、しばらくはそれを使用させてもらうことができた。小柄なS君に合うものを先生が見繕ってくれ、まずは着け方から覚えていく。

先生の指導は厳しかった。手を出すことはあまりなかったが、子ども相手にも大声で怒鳴ることを厭《いと》わない。当時はそういう指導者が珍しくない時代だった。

先生に言われるがまま防具を着け、礼の所作などをしていると、耳元でそっと誰かが囁いた。

「んっ?」

体育館には十数名の子どもがいるが、それらの声ではない。明らかに面の内側、耳元で聞こえる。おそらく自分と同じくらいの年頃の女の子の囁き声だ。

その時は、手ぬぐいが面に擦れた音が偶然そのように聞こえたのかとも思い、さほど気にしなかったが、翌週の練習でも、やはり面をかぶると右耳のすぐ後ろあたりから、

「……たかったよ……」

などと囁く声がする。

何だろう。

「出たかったよ」なのか「会いたかったよ」なのか、何を言っているのかはよく聞き取れない。キョロキョロと声の出どころを探していると、ふざけていると思われたのか、先生にしこたま叱られた。

さらに翌週。

面をかぶると、囁き声はよりはっきりと聞き取れた。

「痛かったよ……」

さすがにおかしいと思い、意を決して先生に申し出ることにする。

借りて使わせてもらっている面に不満を漏らすなど、きっと怒鳴られるに違いないと覚悟して、恐る恐る先生の顔を見遣ると――。

意外なことに、先生はぐっと眉間に皺を寄せ、口を固くへの字に結んでいた。まるで泣

き出す寸前の赤ん坊のような表情で面を手に取ると、力なくぼそりと、

「そうか。他のと替えような」

と言って、踵《きびす》を返して用具庫の方に向かう。

その際、聞き取れるかどうかの微かな声で、面に向かって「痛かったなあ」と語りかけたようにも思えた。

「もし先生が怒ったりしていたら、特に怖いとは思わなかったと思うんです」

とS君は語る。先生のあの表情を見た時、子どもながらに「ああ、これはダメなやつだ」と感じて怖ろしくなり、あの囁き声が何なのか、あえて考えないようにしたという。

以来、このことは早く忘れようと思い続けて、今日に至るそうだ。

すぐ右側の何かと

いくつかの大学で非常勤講師をしているI先生という女性の方の話。

「うん、まあいいけど……でもんがは……てゅんあ」

授業中、さほど広くはない教室の右側後方に座っていた学生が突如、けっこうな声量で話し始めた。

電話にでも出ているのかと思い、さすがに授業中にそれはないだろうと視線をやると、その学生はI先生のすぐ右側のあたりをぼうっと眺めながら、独り言かのような口ぶりで意味のわからないことを口走っている。スマホなどは手にしていない。

この学生は……そう、確かAさんという二年生だ。

何事かと教室のみながAさんの方を振り向くと、彼女はふっと我に返って口をつぐみ、むしろ自身が驚いているという様子で戸惑っている。

「どうかしましたか？」

と問うと、

「え？　わたしですか？　何が？」

Aさん自身は自分が声を出していたことにすら気付いていないようだ。

教室にワッと笑いが起こる。

その授業は受講者が十数名ほどの小規模な講義なのだが、ある学科で必ず履修すべき専門科目に位置づけられており、受講者みなが同じ学科の知り合いという和気藹々《わきあいあい》とした雰囲気のものだった。そのため、居眠りして寝言でも言ったのかとAさんがからかわれ、いわば笑い話として済んだのだ。

その翌週の、同じ時限。

授業のはじめにここまでの流れを少し振り返り、今日の本題となる部分へと話を移そうとしたところで、

「いやあ……、それはあごすどくむいおへあふ……」

またもAさんが何かを口走り始めた。

先週と同じようにI先生のすぐ右側のあたりをぼうっと眺めていたが、他の学生たちの視線が集まると、途端にはたと口をつぐんで狼狽する。やはり本人が他の誰より驚いているようだ。

学生たちも今回は様子がおかしいと感じたのか、遠慮がちに笑い声をあげる者、眉をひそめる者など反応は様々だった。

その日、授業の後に大学の構内を歩いていると、Bさんが話しかけてきた。

Bさんは A さんと同じ学科の二年生で、件《くだん》の授業も受講している学生だ。なんでも普段から A さんとは親しいのだという。

Bさんによると、どうもこのところ A さんの様子がおかしいのだそうだ。そして、それにはきっかけがあるという。

ある時、A さんと B さんを含む、学内で仲の良い友人グループ五人が肝試しをしようという話になった。

この大学には今は使われていない旧学生寮があり、ちょっとした心霊スポットになっている。本来取り壊されるはずが、障りがあって工事ができず、仕方なく今も残されているという噂で、事実とは思えないが、そこでかつて自殺があったという、いかにもありがちな曰くも語られているという。

夜、そのグループが連れ立って懐中電灯片手に旧学生寮へと向かう。

建物は立ち入り禁止になっており、施錠されていて中には入れないが、すぐ脇までは近づくことができる。建物の周囲をしばらく探索していると、Aさんが「あっ」と声をあげた。二階の窓を指さし、

「誰かいる」

と言う。

窓の内側に白い影のようなものが見えたような、見えないような。

グループの誰かが「ほんまや、俺も見える！」などと言ったような、言わなかったような。

実際のところどうだったかはともかく、肝試しとしては最高に盛り上がり、みなで悲鳴をあげながら現在の学生寮へと走って逃げ帰った。

Aさんの様子がおかしくなったのは、この日からだ。

Aさんと一緒に教室にいる際、誰もいないはずの室外の廊下の自動照明が点灯したり、

普通に会話をしていたAさんが急に一点を見つめて黙りこくるというようなことが、この日以来、頻繁にある。そんなことがあっての、あの授業での様子。きっとただ事ではないはずだ――。

Bさんは真剣な面持ちでこう語った。

I先生は、今どきの大学生もこんな古典的な心霊譚を愉しむものなのかと妙に感心しつつ、しかし直感的に、何か違うように感じたという。そういうことではないのでは？と。

「ただ、お恥ずかしいことに、この話のことはすっかり忘れてしまっていたんですよ。もちろん授業の期間中はそれなりに気に留めてもいましたけれど、授業も試験も終わってしまうと、すっかり意識に上らなくなって」

そう述懐するI先生に、先日、どうしてもあの授業でのAさんの様子と結びつけて捉えざるを得ない出来事が起こったという。

数日前の夜、自宅のダイニングチェアに腰掛けて何とはなしに考え事をしていると、

「何だって？　どうしたの？」

と、困惑した面持ちの夫が軽く肩をゆらしながら顔をのぞき込んできた。

「大丈夫？　よく聞き取れなかったけど、なんて言ってるの？」

I先生はすぐに我に返ったのだが、夫が何を心配しているのかよくわからない。少しぼうっとしていただけのことで、何も言ってはいない。

しかし、I先生の夫によると、先生は突如ひとりで話し始めたのだという。それも、あたかも誰かと会話するかのように、夫から見て左側の方を向いて話し始めたのだが、何を言っているのかはわからない。およそ意味をなす言葉のようには聞こえなかったという。

夫はここ最近、I先生がぶつぶつと独りごとを言いだす場面が少なくないことを気にかけていたそうだ。そういう際はたいてい、夫から見て左側――つまりI先生の右側――に

誰かがいるようなそぶりだったという。

ただ、今回はあまりにもはっきりとした発話だったため、驚いて止めたのだと。

I先生に自覚はまったくない。独りごとを言った記憶などまるでないのだ。

誰しも日常のなかで、考え事をしたりぼうっとしたりで、自らの行動に特に意識を向けていないことはあるだろう。そんな時、実際に自分が何をしているのか。

確かにそれは、誰かに指摘してもらわなければうかがい知ることができない。

夫の指摘を受けたI先生にとって最も引っかかったのが、右側という点だった。思い返すに、あの授業でのAさんも自分のすぐ右側のあたりに向かってよくわからないことを話していた。夫が指摘する今の自分の状態と、無関係とは思えない。

いやもちろん、ただの偶然なのかもしれないが……。

I先生は、長い髪を後ろでまとめ、前髪を右側にのみ垂らすような髪型をしている。あたかも視界の右側を髪で遮るかのように……。

よくあるんですよ

海釣りが趣味だというKさんの釣り仲間に、A氏という四十代後半の男性がいる。

Kさんの釣り仲間というのは、サークルと呼べるほどの結束力があるわけではなく、気が向いた折りに誰からともなく連絡を取り合い、都合の合う日に五、六人で集まって遊漁船などでの釣りを楽しむものなのだそうだ。

A氏は確か、古くからのメンバーであるB氏の友人だということで、一年ほど前から加わるようになったと記憶している。故あって今は独り身で、釣りにゴルフに山登りにと、わりと自由に趣味を謳歌しているらしい。

気さくで笑顔を絶やさないA氏は、初対面の時からみなとすんなり打ち解けていた。ただ同時に、誰に対してもそつなく話を合わせられるぶん、本音としてどう思っているのか、彼の意思なり感情なりがつかみにくいタイプの人ではあった。

もっとも、そのことはなんら問題ではないだろう。そもそも各々が釣りを楽しむためのグループなのだから、メンバー同士でどの程度踏み込んだ付き合いをするのかは各人の自由だ。仮に本音で接することをあまり好まない人がいたとしても、それはそれでかまわない。

ところが、このA氏には少々あぶなっかしい欠点があった。

有り体にいえばどうも鈍くさいというか、遊漁船内で足を滑らせるようなことがしばしばあり、うっかりすると海に落ちてしまいそうになるのだ。これまでにも、落ちそうになるA氏を仲間や船長さんがすんでのところで掴んで事なきを得たことが幾度かあった。

船酔いをするわけでもなく、釣りの腕前も確かなのだが、どうもその点には精細を欠くようで、本人も恐縮しながら、

「すみません。こういうこと、よくあるんですよ。面目ない」

などと言っている。

それでも、いわゆる愛されキャラとでもいうのか、もちろん気をつけてもらわねば困るのだが、そんなことでも場を和ませる潤滑剤のようにしてしまえる好人物なのだった。


つい先日のこと。

遊漁船上で、Kさんが仕掛けなどを準備していると、隣に腰掛けていたA氏が突然ものすごい力でぐっと船縁《ふなべり》へと引っぱられた。いや、引っ張られたように見えたと言うべきか。咄嗟に舷墻《げんしょう》につかまったためA氏が海に落ちるようなことはなく、みなは、

「おいおい、またかよ、気をつけてよ!」


などとなかば冗談交じりでいるのだが、すぐ隣にいたKさんにはとても尋常なこととは思われなかった。

波は決して高くなく、船はほとんど揺れていない。

何より、今のA氏の動きは足を滑らせたなどというようなものではなかった。明らかに、誰かに左肩のあたりを掴まれて無理な力で持っていかれたような、そんな異様な挙動だったのだ。

見間違いだろうか。

なにぶん急なことでもあり、驚きのためにそのように見えたというだけのことなのだろうか。

A氏はいつものように照れ笑いをしながら頭を掻き、そのまま隣席に戻る。船長さんが「この人、大丈夫か?」というような不安げな表情で一瞥したくらいで、何事もなくその場は収まった。

その日の漁場は温泉地にあったため、釣りの後にみなで温泉施設に寄ろうということになった。

浴場内、洗い場で潮風に当たった体を流し、湯船に向かって歩を進める。

湯船の手前、左側の洗い場にA氏が腰掛けている。ちょうどこちらに背を向けている格好だ。

何気なく「ああ、A氏だな」と思った瞬間、視界にふっと不自然なものが飛び込んできたため、Kさんは文字通りA氏の背中を二度見した。

——手形だ。

A氏の左肩から背中にかけて、人間の手から肘あたりまでの形状で、はっきりと赤茶色の痣が刻まれている。何より奇異に感じられたのが、その痣のあまりに明瞭な形状だ。服の上から人の手で何らかの力を加えられたとして、その痣がこんなに明確に人の手の形になるだろうか。いや、仮に裸の状態でバチンと叩かれても、ここまではっきりとした形にはなるまい——。

いつもならば、そういう形状の痣を見ても特に気にはならなかったかもしれない。が、先刻船上での不自然な転倒を目の当たりにしてしまった以上、この痣の位置と形状を、どうしても看過することができなかった。

つい凝視してしまったせいだろう、A氏の方でも見られていることに気付いたようで、ふっと顔を上げる。

A氏の眼前にある大きな鏡ごしに、KさんとA氏の目が合った。

A氏はぐっと口角を下げて眉間に皺をよせ、つり上がった目を黒々と見開いて、じとっと食い入るようにこちらを見つめている。怒りなのか哀しみなのか何なのか、感情を判別しづらいその顔は、いつもの彼ではない。

驚いて「うっ」と呻き声を漏らしてしまったKさんは、そそくさとその場を退散した。

温泉から上がり、待合で冷えたお茶などを飲む間も、Kさんは心ここにあらずだった。

浴場内で他人の体を凝視すべきでないことは言うまでもない。非はこちらにあることは明らかなのだが、にしてもあの時のA氏の顔は……。

そうこうしているうちに、みなが待合にそろいだした。

A氏はいつもの和やかな表情ですっとKさんに近づくと、軽い会釈とともにすっと顔をよせ、

「こういうこと、よくあるんですよ……」

とだけ言って、そのまま自動販売機の方へと向かった。

A氏の肩から背中にかけての手形は、そのサイズからして、どう考えても子どものものだったとKさんは言う。自身が二児の父でもあるKさんの見立てでは、おそらく小学校三、四年生くらいの子どものものなのだと。

元彼のY君

今から七年ほど前、Tさんが大学生だった頃に交際していたY君という青年、いわゆる元彼についての話。

Y君は整った顔立ちをしていて背も高い、清潔感ある好青年で、派手さこそないものの傍から見てもさぞかしモテるだろうと思わせる人物だった。

人並みに恋愛はしてきたとはいえ、周囲の男性からチヤホヤされるような立ち位置でもなかったTさんは、そんなY君から熱心にアプローチされた際、本当に自分でいいのかと意外にすら思えたほどで、ほとんど二つ返事で交際が始まったという。

同じ大学の同じ学科、そのうえ同学年だったこともあり、自然と多くの時間を一緒に過

ごした。休日には近所のデートスポットに出かけるなど、絵に描いたような青春を過ごしていたそうだが、Tさんは、

「今思えば……」

と歯車が狂い始める契機と思しき事柄について回想した。

あれは互いにバイトも入っていない土曜日、地域のデートスポットにもなっている高台の展望台に行ってみることにした。B市の街並みを見下ろすようにして、その先のB湾までも一望できる気持ちのいい場所で、遠くに行き交うフェリーなどを眺めながら他愛のない会話を楽しんでいた。

展望台をのんびりとそぞろ歩いていると、赤ちゃん用のものと思われる小さな靴下が片方だけ、柵の向こう側の芝生の上に落ちているのを見つけた。ピンク地に子ども向けのキャラクターが描かれた真新しい靴下だ。

誰かが落としちゃったんだな、かわいらしいな、と思いY君の方を見上げると、驚くま

いことか、さっきまで楽しげだったY君が明らかに不機嫌に顔を歪ませて、

「なんやあれ」

と吐き捨てるように呟いた。今までに聞いたことのない、静かだが、確かに怒りを湛えた低い呟きだった。

「え？」

普段はとても穏やかで、感情的になったところなど見せたことのないY君の急変に驚いた。事態を飲み込めないでいるTさんをよそに、Y君は、

「こんなとこにあんなもんがあるの、どう考えてもおかしいやろ。もう帰ろ」

と言い放ち、くるりと背を向けると足早に駐車場の方へ戻っていく。

この展望台には家族連れも多く、赤ちゃん用の靴下が落ちていたとしても全くおかしくはない。むしろ、何がおかしいのかよくわからない。赤ちゃん連れの家族がうっかり靴下の片方を落としてしまうなど、ありがちなことだとすら思うのだが……。

その時は、不可解に思いながらもY君の後を追うように車に乗り、そのまま自宅まで送ってもらって解散となった。

翌日にはいつもの優しい彼に戻っており、その後も特に今までと変わらない様子だった。Tさんとしては、心に少し引っかかりは残ったものの、あえて気にしないようにしていたという。


決定的だったのは、地元の観光地であるK湖に行った時のことだ。

K湖は「湖」とは称されているもののそれほど大きくはなく、実態は池というべきものなのだが、桜の時期にはそれなりの賑わいをみせるところだ。

山中の曲がりくねった道をかなり登った先にある場所で、この日はK湖が目的というよりも、ドライブついでに寄ろうというような流れで行ってみたにすぎない。そのため、観光時期を外れており、人もまばらで湖の水位はかなり低く、ところどころ湖底の泥が見えるような状態であった。パンフレットの写真で見たお花見シーズンの光景とはまるで異なり、もはや印象としては沼に近い。

「なんかちょっと、がっかりやなあ」

などと言いながらも、それなりに上機嫌で写真を撮ったりしていたＹ君とともに、湖上に架かる木製の遊歩道へと進もうとした、その時。

Ｙ君はふと湖の縁の葦《あし》が生えているあたりに目を向けると、そのままジッと一点を見つめだした。彼の顔色がみるみる変わっていくのがわかる。怒りなのか哀しみなのか、はたまた恐怖なのか図りかねる、なんとも情けない表情だった。

「なんで……なんでや」

そう言うと、Ｙ君はそのまま湖の中にジャブジャブと入っていく。

ほとんど膝くらい、深くても腰まではいかない程度の泥混じりの水の中を、身をよじるようにして葦のあたりまで進むと、ガサガサと根もとの方をかき分けて奥から何かを取り出した。

泥や藻にまみれ、たっぷりと水分を含んで丸くなった布状のもの——彼が遊歩道の上に置いて初めてわかったのだが、それは紺色の抱っこひもだった。一見、リュックサックのようにも見えるしっかりした造りのもので、某有名育児メーカーのブランドロゴが小さく入っている。

「ええっ？」

あまりのことに、Tさんは状況が理解できなかった。

Y君は泥まみれの抱っこひもを抱えると、ぶっきらぼうに「行こうか」と言い放ってそのまま駐車場の方へと歩いて行く。Tさんもそれに従うが、彼は抱っこひもを後部座席に放り込み、ずぶ濡れで泥まみれのまま運転席に座った。

当然、シートは泥だらけ。几帳面な普段の彼からは想像もできないことだ。

しばらく無言で走り続ける。助手席のTさんも、何と声をかけてよいのかわからない。

赤信号で停止した刹那、

「あ、あああ……」

Y君が呻くような声を漏らす。

どういうことなのかはわからないが、彼は今にも泣き出しそうな面持ちで、薄く開けた口元がへの字に下がる。その顔を見たTさんは、人が絶望した時の表情とはこういうものなのか、と思ったという。

信号が青に変わる。

Y君はハッと気を取り直すと、すぐには発進せず、しっかりとTさんの方を向いて意を決したような確かな口調でこう言った。

「ごめんな、家までは送られへんわ。駅まで行くから、そこで降りて電車で帰ってくれ」

駅までの車中、少し落ち着きを取り戻したTさんは、一体どういうことなのか、後部座席のあれはなんなのか、矢継ぎ早に問い質《ただ》した。しかしY君は、ただ小さく「ごめんな」を繰り返すだけで、どの質問にも答えてはくれなかった。

駅のロータリーに着く。

答えてくれないのなら、それでもいい。今日はこのまま電車で帰る。でも、Y君は大丈夫なの？　と最後に問うと、

「いや、アカンやろ……もう無理やろ……これ、見てみろやあ！」

彼はヒステリックに喚き、シートベルトを外して手早くTシャツを脱いだ。上半身裸になってどうだと言わんばかりにこちらを向き直ると、そこには――。

そこには、これと言って異常らしきものは見られなかった。

普段と同じ、適度に引き締まった上半身があるだけで、変わった様子は何もない。

もはや、会話が成り立たない。

そう悟ったTさんは何も言わずにシートベルトを外し、車を降りた。

振り返ることもなく駅に続く階段を上る。ぽろぽろと涙がこぼれた。

その日から、彼とは連絡がとれなくなった。

メッセージを送っても電話をしても反応がない。ＳＮＳも削除されており、大学にも来ていない。家に行ってみるくらいしか、様子を確認する方法はないだろう。

本来であれば行ってみるべきだ。Tさんは Y君の恋人なのだから。行って話を聞いて、励ますなり、一緒に問題を解決しようとするなり、何かしらの手助けをすべきだった。今にして思えば、きっとそうすべきだったのだろう。

が、Tさんは彼の家には行かなかった。怖かったのだという。

当面は休学ということになっていたようだが、少なくともTさんが卒業するまでに彼が復学することはなかった。この日以来、一度も顔を合わせておらず、連絡もとっていないため、その後の彼がどうなったのかTさんは知らない。

あかんやつ

上司のAさんが学生の頃というから、もう四十年は昔の話だろうか。

Aさんは知人の伝手《つて》で廃品解体業者でアルバイトを始めた。家庭から回収した不要な家電を解体して、部品などを引き取り業者に売る仕事で、Aさんの他に社長も含めて四人の従業員がいる小さな工場だった。

ある日、電話機を解体していた従業員のBさんが、

「うわっ！　あかんやつや！」

と大声をあげた。他の従業員が、

「そりゃ、ご愁傷さん」

などと言っているあたり、珍しいことではないようだ。

聞くと、家電製品を解体していると、まれに中から呪符や紙人形が出てくることがあるという。それはその家電を使用する人に禍《わざわい》が起こるようにするまじない、呪いの類いだそうだ。

それらを見たり触れたりすると必ず災難に遭うとのことで、この工場では「あかんやつ」と呼んで極力触れないようにしていた。

「こんなもん、誰が仕込むと思う？　他人が家に上がりこんで仕込むなんてこと、まぁできへんやろ。ま、つまり、たいてい家族の中で啀《いが》みあっとるっちゅうことやわな」

と、ベテラン従業員のCさんがわけ知り顔で語る。

この手のまじないは、禍をなしたい相手がよく目にするものや、声をかけるものに行うのが効果的らしく、そのためテレビや電話機に仕込まれることが多いのだそうだ。

そうした「あかんやつ」は解体せずに置いておき、ある程度たまったら山中に捨てに行くことにしているという。いわゆる不法投棄で、現在なら大問題、当時でもおそらく違法だと思われるが、それが慣例だった。そういう時代だったのだろう。

その時、「あかんやつ」はその電話機のみだったが、社長は「ゲンが悪いし、今日捨ててくるわ」と言う。Aさんは興味本位で、一緒に行ってみたいと願い出た。


その日の夕方、仕事が終わると社長の軽トラに同乗し、いつも「あかんやつ」を捨てているという場所へと向かう。

人里離れた山中の、薄暗い小さなトンネルを抜けたところにあるその場所には、同業他社も「あかんやつ」を捨てに来るようで、廃家電がうずたかく投棄されている。冷蔵庫や洗濯機など大型のものも目につくが、よく見ると確かにテレビと電話機が多い。社長は無言で持ってきた電話機を放り投げ、すぐに車を出した。

翌朝、なんとBさんが怪我だらけで出勤してきた。顔があちこち青黒く腫れている。

何事かと思ったが、なんでも飲んだ帰りに酔って自宅アパートの階段から転げ落ちたのだそうだ。

「あんなもん触ったら、やっぱりゲンが悪いわ。かなわんなあ……」

偶然といえば、偶然なのかも知れない。

ただ、それ以後Aさんは、工場で電話機やテレビを手に取るのを躊躇《ためら》うようになってしまったという。

実は、四十年前に彼らが「あかんやつ」を捨てていたその場所こそ、他でもない、今では地元の心霊スポットとして知られる「Kトンネル」の付近なのだそうだ。

当時はまだ心霊スポットなどとは呼ばれていなかったというが、あんな禍々しいものが長年にわたって集められたがために、結果として曰《いわ》くの地になってしまったのではないか。

Aさんはそう考えている。

エンドレス準備運動

今年四十五歳になるというY氏は、運動不足解消のためにジムに通うことにした。ジムといっても自治体による公営のもので、使用料はかなり安いがそのぶん建屋は古く、トレーニング機器もみすぼらしい。トレーナーなどがいるわけでもなく、初回に職員から機器の使用法や注意事項の説明を受けさえすれば、置いてある設備を好きに使っていいというような場だったが、Y氏にはそれで十分に思えた。

Y氏が乗るサイクリングマシンから、自動販売機と安っぽいベンチが置いてある休憩スペースが見える。

マシンを漕ぎながら、Y氏はそのベンチに座るひとりの人物に目が吸い寄せられた。

あ、またいる……。

その人物は、白のカッターシャツに紺色のスラックスという、ジムには似つかわしくない服装の中年のおじさんだった。

おじさんは造り物のように無表情のまま、両腕を上げたり下げたりする運動をずっと繰り返している。何かの準備運動だろうか。

ともかく、ひとりでベンチに座ってその運動をただ黙々と繰り返しているのだ。

服装と場所が少し変わっている点はともかく、その行為について言うならば、必ずしも奇異なものではないだろう。なにせ、ここは運動をしに来るところなのだから。

むしろY氏が怪訝に思ったのは、このおじさんが、いつもそこでそうしていることだった。

Y氏はおよそ週に二回のペースで通っていたが、毎回、そのおじさんは同じようにベンチで両腕を上下させている。他の運動をするでもなく、トレーニング機器を使うでもなく、Y氏が来てから帰るまでの小一時間ずっと、だ。

変わった人だな。

そう思いつつ何故か気になってしまい、つい目が離せなくなるのだ。

その翌週のこと。

いつものようにサイクリングマシンに乗ると、やはり例のおじさんが休憩スペースのベンチで腕を上下させている。

そこへ三人連れのおばさんがやってきた。各々自動販売機で飲み物を買い、そのうちのひとりが、あろうことか、おじさんの上に腰掛ける。

えっ?

いや、正確にはおじさんがいるはずの位置に腰掛けたと言うべきか。

おばさんは、まるでARかのようにおじさんを透過してベンチに腰掛けている。そこにうっすら、二重写しになるように座るおじさんは、やはり無表情で腕を動かし続けている。

Y氏はヒャッと声にもならない声をあげてジムを飛び出した。

あれはきっと、この世のものではないのだ。

霊感などはまるでなく、これまで幽霊の類いなど一度も見たことがなかったY氏にとっては、まさに吃驚仰天だった。

以来Y氏は、街中で知らないおじさんを見かけると、つい怖くなることがあるという。とりわけあまり表情に変化がない中年のおじさんを見かけると、そのおじさんが本当に実在するのかどうか不安になるのだそうだ。

もっとも、端《はた》から見ればY氏自身もれっきとした中年のおじさん、それもどちらかと言えば、普段から無表情なおじさんなのではあるが。

まわる足音、もうひとつ

三年ほど前、高校生だったE君が父の実家で祖母の七回忌に参列していた時の話。
一階の仏間でお坊様が読経をされている最中、二階からミシミシと足音が聞こえてきた。はじめは家鳴りかとも思ったが、意識して聴いてみるとそれは確かに、仏間のちょうど上の和室を誰かが歩きまわる音に思えた。

「えっ」

不審に思い顔を上げると、皆がその足音に気付いて戸惑っているようで、E君はいずれも怪訝な表情をしている妹や従兄と顔を見合わせる。

今、二階には誰もいない。

仏間に両親と妹、それにこの家に住む伯父夫婦と従兄が居合わせているのだが、祖父は十数年前に他界しており、今日の参列者はこれで全てだ。おかしいとは思うが、読経の最中に中座するのも憚《はばか》られたのか、誰も二階を確認しに行こうとはしなかった。

タヌキやイタチなどの動物とは明らかに違う音。しかし、こんな田舎のなんの変哲もない民家に、わざわざ二階から侵入する泥棒がいるとも思えない。

法要が済む頃には足音はしなくなっており、お坊様が帰られた後で確認してみたが、やはり二階には誰もいない。きっと祖母がみんなの様子を見に来たのだろうという話になり、伯父が戯《たわむ》れに、

「Mちゃん、ちょっと上行って歩いてみてくれへん？　亡くなる前のお袋、ちょうど今のMちゃんくらいの背格好やったから、同じような音になるんちゃうかな」

などと妹を二階に向かわせた。

それなりに広くはあるが、古い木造家屋のことだ。仏間にいても、妹がトトトッと階段をかけ上がる音、ゴロロッと引き戸を開けて和室に入る音などが手に取るようにわかる。

ミシミシと思ったよりも小さな足音が聞こえ、妹が和室の中を時計まわりに歩いているのが確認できる。

すると——。

もうひとつ、鳴り始めた。

妹のものと思われる足音より明らかに大きく重い足音が、妹の気配が描く円と同じ軌跡で、しかし一定の距離をとってぐるぐるとまわり始める。

「Mちゃん、もうええで！　下りておいで！　はやく……はやく！」

動揺する場の空気を切り裂くように、伯父が大声で怒鳴った。

再びトトトッと階段を下りる音ののち、

「なんやのん？　どうしたん？」

と伯父の剣幕に驚いた妹が訝《いぶか》しがる。

「いや、なんでもないよ。やっぱりMちゃんの足音、さっきの音とそっくりやったわ。つまりあれ、きっとお袋やわ。お袋、ちょっと戻ってきよったんやな。いやあ、不思議なこともあるもんやな、アハハハ……」

伯父はそう言って場を収めたが、その時、ちらりと意味ありげに父と目を合わせたようにも見えた。

結局、今に至るまで、誰ももうひとつの足音のことを妹には話していない。

その場では皆が妹を動揺させたくないと思ったのだろうが、その後も言い出せずにいて、今ではなんとなく、妹に明かしてはいけない秘密のようになってしまっている。

期せずして背格好が祖母に似ている妹の足音と比較するかたちになったがために、E君はもとより、仏間にいた全員にわかってしまった。

あれは、祖母の足音などでは断じてないと。

きっかけ

今は通学に便利な大学付近でひとり暮らしをしているHさんの話。
いや正確には、Hさんの母と義母、つまりHさんの父方の祖母の話ということになるだろう。

Hさんの実家には奇妙なルールがある。二階にいる時に一階から呼びかけられても、応えてはならないというものだ。家族を呼ぶ際などに不便なように思われるが、Hさん一家はみなこれが習慣づいており、二階にいる家族に用事がある時は下から呼ぶことをせず、面倒でも階段を上がって二階へ行く。

このようなルールがある理由はいたって単純で、家にだれもいない時にでも、一階から呼ばれることがあるからなのだそうだ。

家族がみな出かけていて、ひとり二階で過ごしているような時、一階から何度も名前を呼ばれる。無論、一階に様子を見に行っても誰もいない。呼ぶ声は同居する家族である両親や弟、または祖母のそれであることが多いが、時々、親しい友人や学校の先生の声だったりすることもある。

家族全員が体験しているのはもちろん、友人が遊びに来ている時にもはっきりと聞こえ、

「ねえ、おばさんが呼んでるよ」

と友人が言うのを、

「ああ、これはいいのよ、ちがうのよ」

と曖昧に受け流して訝しがられたこともある。

改築はしているもののなにぶん歴史のある古い家で、謎の呼び声はずいぶん昔からあったらしいのだが、応えてはならないというルールはHさんが幼い頃に、さしたるきっかけはなく、ただ、なんとなく始まったと記憶している。それが現在まで続いているというのがHさんの認識だった。

ところが先日、ひょんなことから、このルールが定められたきっかけを知った。

偶然にもスケジュールが合ったため、Hさんは母と二人で一泊の温泉旅行に行くことにした。その旅行の最中に母が、「Hは知らないだろうけど……」と、ルールが定められたきっかけについて教えてくれたのだ。

Hさんが小学二年生のある日、二階でお昼寝をしていた時のこと。

家には母のほかに祖母がいたのだが、近所の保育園に弟を迎えに行くのだったか、近くでの買い物だったか、わずかな時間Hさんを寝かせたまま連れだって出かけることがあった。

しばらく後、弟をともない三人で帰宅して玄関の前に立ったところ、ドア越しに家の中から異様な雰囲気が漂ってくるのに気がついた。不審に思い祖母と顔を見合わせていると、中から例の呼び声が聞こえてくる。何者かが、二階で寝ているHさんの名を繰り返し呼んでいるのだ。

これまで、誰もいない時に呼ばれることはしばしばあったが、名を呼ぶものが現に一階にいるらしいところに遭遇するのは初めてだ。

祖母は咄嗟に「あんたはお隣さんに逃げえ！」と弟を抱く母に指示すると、勝手口に回って中に入る。勝手口からは一階のダイニングとリビングが見渡せる間取りになっており、中を確認するにはちょうどよいと考えたのだろう。

ここからは、後に祖母が語ったことによる。

勝手口を開けると、やや先のリビングの中央になにものかが座し、しきりとHさんの名を呼んでいる。その声色は、どうやら祖母のもののようだ。

「なんや！　あんたは！」

祖母が怒鳴って近づこうとすると、それは驚いてこちらを振り返った。

祖母によると、確かにそれを見たのだが、どういうものだったのか思い出せないという。それが振り向き、目が合い、互いに驚いたことは確かなはずなのだが、その姿かたちがぽっかりと記憶から抜け落ち、どんなものだったのか思い出せないのだと。

近所の老人らは「ばけもんいうんは、そういうもんや」などとこの話に頷いたりするのだが、ともかく祖母は「これはいかん」と思って素早く台所の酒を取るとそれに向かってまき散らし、うろ覚えの真言などを大声で唱えた。よくないものを退散するには清酒がいいと聞いたことがあったそうで、また、真言は聞きかじった程度のいい加減なものだったというが、それでも相手は素早く身を翻《ひるがえ》して逃げ出した。

祖母はこのことを、武勇伝のように誇らしげに周囲に語った。

当時健在だった祖父や、Hさんの両親はもとより、近所の人にまでこの話をする。この折、祖母があたかも勝利宣言かのようにかのルールを定めた。あの声には絶対に応えてはならないと。

何を根拠にそんなことを言い出したのかはわからない。

ただ、母は祖母にこの話をHさんにはしないよう強く釘を刺した。

弟はまだよくわかっていなかっただろうが、Hさんがこのことを知って、万が一にもなにか影響があってはいけない。母はそう思ったという。

そのため、Hさんと弟はこのルールが始まるきっかけを知らずに今に至っていたのだそうだ。

今回初めて経緯を聞き、Hさんは少しぞっとした。

これまで声でしか聞いたことがなかったものが、どうやら視覚で捉えられるらしいと思うと、急に現実感が出てきたのだ。

でもね——。

ここまで話して、母は楽しい思い出をかみしめるような嬉しげな表情でこう言った。

――実際は、そんなんじゃなかったのよ。

祖母が語っていたことの大枠は事実だ。

が、そこにはかなり都合のいい脚色が加えられている。そう言って母は語り始めた。

祖母が「逃げろ」と言った時、母は動けなかったという。家の中に何か得体の知れない、禍々しいものがいることは母にも感じられた。それがどういうものか説明はできないが、とにかく怖ろしかったという。どうしていいかわからず弟を抱いたまま足がすくみ、逃げ出すことすらできなかった。

祖母はそのまま家の角を曲がって勝手口へと回る。二、三歩追うと、角のあたりから祖母をうかがうような格好になった。いざ勝手口を開けようとする祖母の手は、少し離れたところから見てもはっきりとわかるほど震えている。顔面は蒼白だ。

普段から高圧的で鼻持ちならない義母の姿が、いつもよりも小さく見えた。

意を決したように扉を開け中に入る。扉が閉まるかどうかというところですぐさま、

「ひえっ」

と短くも大きな悲鳴が聞こえ、そこからはまるで阿鼻叫喚だった。屋内からは「ひぃ～っ」と泣き叫ぶ祖母の悲鳴が続く。それに混じって、

「孫は、孫は堪忍しておくんなはれ！　後生ですけえ孫はやめてえ！」
「わいにしなはれ、わいに取り憑くなり取って喰うなり、好きにしなはれ！」

などという、腹の底から絞り出すような大声。

しばらくすると、ふっとその場の空気が変わった。
それまでの不快で不気味な雰囲気がすっと晴れ、Hさんを呼ぶ声も消えた。祖母の絶叫がおさまり、普段の昼下がりの静けさが戻ってくる。祖母が屋内に入ってずいぶんと長い

時間が経ったようにも思えたが、実際には三、四分ほどのことだろう。

祖母がそこで何を見たのかはわからない。

勝手口から出てきた祖母は、母の姿を見ると少し面食らったようではあったが、

「なんでもないわ。もう大丈夫やわい」

とぶっきらぼうに言い放つ。
涙と鼻水と涎《よだれ》にまみれ、いつもより皺くちゃに萎《しな》びたその時の祖母の顔を、母は心から「頼もしい」と感じたという。

母が素直に祖母と向き合えるようになったのは、この一件があってからのことだった。
祖母が脚色して語る武勇伝はそのまま好きにさせていたが、それをHさんに話すことはしっかりと戒《いまし》めた。それまで祖母に意見することなど憚られたのだが、胸の中のつかえが

取り払われたかのようにわだかまりなく言うことができた。

祖母も祖母で、意外にも小言ひとつ言うことなく「そやな」とあっさり同意してくれた。

以来、母は気儘な祖母をそれなりに尊重しながらも、言うべきことは言うようになったそうだ。祖母もそれに——多少の文句は言いながらも——耳を傾けるようになったという。

一階から呼ぶ声は、今でもしばしば聞こえるらしい。応えてはならないというルールも、健在だ。

ただ、だからどうということもない。一家に特段不吉なことが起こることもなければ、ついうっかり呼び声に応えてしまっても、それで何かが起こるわけでもない。平たく言えば、実害があるわけではないようだ。

なにぶん歴史のある古い家だから、まあいろいろとあるんでしょうね、というのが現在のHさんの心境なのだという。

増えていく

「えっ？　増えてるやん……」

助手席でOさんが思わず呟くと、運転席の祖母は、

「そやねん」

と素っ気なく応えて無表情に車を進ませる。やや速度を落としてトンネルを抜けると、ちらりとこちらに視線を向け、

「まだまだ増えていくで、あれは……」

と呻くような口調で言った。

中国地方のとある片田舎、Oさんの家から最寄り駅までは車で二十分ほどかかる。電車を利用する際には、たいてい祖母が運転する軽自動車で送り迎えをしてもらっていた。

駅までの道中、さほど大きくはない古びたトンネルがある。

トンネルを出てすぐ左側、山側の法面《のりめん》のたもとには、ある時期まで二体のお地蔵さまがあった。お地蔵さまは、Oさんが物心つく前からそこにあり、駅への往来の際にはいつも視界に入っていたのだが、さほど意識するような存在でもなかった。

ただ、二体のうちトンネル側の一体はすでにボロボロに風化して、初めて見たならばそれがお地蔵さまだとはわからないような、崩れかけた石碑とでも呼ぶべきものになっており、よくよく考えてみるとかなり異様な様相ではあったかもしれない。

といって、お地蔵さまは二体ともそう古いものではないらしい。

祖母によると三十年ほど前、このトンネルで交通死亡事故があり、供養のために誰かが一体のお地蔵さまを建てたという。

ところが、設置してからほんの数ヶ月でそのお地蔵さまが急速に劣化し始め、みるみる崩れていってしまった。そのため、すぐにまた新たに二体目が建てられたのだそうだ。そのことを祖母は不吉だと捉えていたが、Oさんにとってはあくまで伝え聞いた話でしかなく、さして印象に残るようなことでもなかったという。

そんなお地蔵さまへの認識ががらりと変わったのが、彼女が中学生の頃だ。

このトンネルで再び死亡事故が起きた。二輪での単独事故だそうだ。被害者は集落の者ではなく、そのため経緯はよくわからないのだが、この被害者を弔うために新たに三体目のお地蔵さまが建てられることになった。

この時のことはOさんもよく覚えている。三体目のお地蔵さまが建ってしばらくすると、それまで古さを感じさせなかった二体目のお地蔵さまが、目に見えて劣化していったからだ。祖母ではないが、なんとなく不吉な感じがして、以来、トンネルを通るたびについお地蔵さまに視線を遣るようになってしまった。

Oさんは今、九州の大学に進学し、学生寮で暮らしている。

一年生のゴールデンウィーク、久々に帰省することにしたのだが、その際、やはり最寄り駅から祖母の運転で例のトンネルを通ることになる。

軽自動車はけたたましく音をたてて峠を越え、トンネルが見えてきた。やはり気になってお地蔵さまの方を見ると……。

「えっ？　増えてるやん……」

冒頭の会話である。

三体だったはずのお地蔵さまは、驚くまいことか、五体……いや六体に増えている。

一番右端の六体目のみ真新しく、そこから左へと順に風化の度合いが激しくなり、左端の一体目に至っては、もはやほぼ台座しか遺っていない。いくらなんでも、転居してからまだほんの一月半ほど、そんなに急にお地蔵さまが増え、かつ劣化するものなのだろうか。

Oさんがなんとも言えぬ不快さに押し黙っていると、しばらくして見慣れた我が家に到着した。

父はまだ帰宅していなかったが、母と弟、そして祖母とで食卓を囲み、茶菓子を頂きながら近況などの話に花が咲く。そんななか、Oさんはやはりあのお地蔵さまのことが気になって、それとなく切り出してみた。

「トンネルのとこのお地蔵さん、えらい増えてたけど……」

母によると、遠目にはわからなかったが実は三体目もかなり風化してきており、この半年ほどで急速に哀れな姿になってきていたという。そのためか、Oさんが転居してすぐの頃、新たに四体目が建てられたそうだ。ただ事故などの話は聞いておらず、誰がどういういきさつで建てたのかはわからない。

これには母も「なんだか気味が悪いわね」と感じているようだった。

いや、お地蔵さまは四体ではない、六体に増えていたと指摘すると、母と弟は、

「いくらなんでも六体もないで。四体や、四体」

と笑う。

そのやりとりを黙って聞いていた祖母が、突然ぴしゃりと「五尊や！」と話を遮った。

「お地蔵さまは今、五尊や。あんた、六尊見えたんか？　見えたんやな？」

怒ったように睨み付けながら問うてくる祖母の剣幕に、Oさんはたじろぎ、もごもごと口ごもるしかなかったという。

翌朝になって、両親が急にOさんの暮らす寮や、大学の様子を見てみたいと言いだした。

Oさんとしてはしばらく実家でゆっくりしたかったのだが、両親はともかく今日のうちに大学を見に行きたいと言って聞かない。普段、両親がこんなに無計画な行動をとることはなく、急にどうしたのかと不思議でならなかったが、ともかく追い立てられるように父の車に乗せられた。例のトンネルを通らない別のルートで、電車は用いず車で九州へと向かうという。

弟はまだ寝ていたようだったが、口をへの字に結んだ祖母が、険しい表情で出立を見送った。

およそ六時間のドライブを経て大学あたりに到着し、Oさんは久しぶりに両親と水入らずで外食を楽しんだ。結局、両親は急遽予約したホテルに二泊ほどして、それなりに九州旅行を満喫して帰ったようだ。

両親が実家に戻り、ちょっとした喧噪が落ち着くと、やはりあのお地蔵さまのことが気になり始める。Oさんとしては六体見たはずなのだが、祖母は五体だと主張し、母と弟は四体だと言う。なんとも腑に落ちない。自分の見間違いだったのだろうか。

祖母との数の食い違いは、台座だけになってしまった一体目をカウントするかどうかによるのかもしれないが、それにしても、あの祖母の剣幕はいったい何だったのか。そしてこれらのことと、今回、結果的に自分が急遽寮へと戻らされたことに関連はあるのか——。

そんなことを考えながら寮のソファに身を横たえると、ブブッとスマホが振動する。
チャットアプリでの、弟からのメッセージだ。

「三体やった」

「何が？」

「地蔵」

短いメッセージのやりとりのあと、「ほら」と写真が添付されてくる。
やや俯瞰で撮ったその写真には、三体のお地蔵さまが写っている。左側はほとんど台座だけの一体目、真ん中はボロボロに風化した二体目、そして、右側には新しいとは言えないまでも、きちんと姿かたちを留めている三体目。
確かに三体だ。
画角からして、いくつかあるうちの三体だけを切り取って撮ったとは思えない。

おかしいな、ほんとに三体しかないの？

その瞬間、スマホの画面がパッとひとりでに切り替わり、何やら薄暗い画像が画面いっぱいに映し出された。

あえて例えるならば、暗いところで撮った集合写真のようなもので、七、八名の人物の顔らしきものが並んでいる。それらは全て抽象画のように歪み、ぽっかりと目、鼻、口と思しき穴があるため、かろうじて顔だと感じられたが、はたして本当に顔なのか、そもそも人物なのかもはっきりはしない。

一瞬、これらはどれも祖母の顔なのではないかとの考えが頭をよぎったが、無論根拠などはなく、むしろなぜそう思ったのか自分でも解せない。ただ、そう思った。

「やっ」

突然のことに驚き、また、その画像の気味悪さに我知らず悲鳴が漏れる。

画面はすぐに、もとのお地蔵さまの写真に戻った。

——どういうこと？

弟がこんな不気味な写真を送信してくるとは思えない。撮影ミスか、あるいはいたずらのつもりだろうか。だとしてもチャット中に、何の操作もしていないのに唐突に写真が画面いっぱいに表示されることがあるだろうか。

すぐに弟に通話して問い質すも、地蔵の写真を一枚送っただけだという。ただごとではないような気がしたOさんは、ただちにお地蔵さまから離れて自宅に帰るよう弟に強く言いつけた。帰宅次第、必ず無事を知らせるようにと念を押す。

弟はなにごとかと訝しがってはいたものの、乗ってきた自転車で自宅に向かい、十五分も経たぬうちに無事帰宅した旨を連絡してきた。祖母の様子も確認してもらったが、特に変わったところはなかったという。

それから現在まで、Oさんは件のお地蔵さまの数をきちんと確認できていない。

弟を再びあそこに向かわせる気にはなれなかったし、両親や地元の友人などにわざわざ確認してもらうのも気が引ける。そして、なぜだか自分でも理由はわからないのだが、このことについて祖母に問うのは憚《はばか》られた。

言ってしまえば、たんにお地蔵さまの数を勘違いしただけという、なんでもない話なのかもしれない。けれど、それなりの大きさの立派な石で造られたお地蔵さまが、そうたやすく風化するものなのか。そんなことも合わせて考えると、なんとも言えぬ禍々しさのようなものを感じるのだと、Oさんは言う。


次にOさんが実家に帰るのは、お盆の時期だ。

「帰省は楽しみなんですけど、あのお地蔵さまの数を確かめるのは、正直、怖いんですよね。祖母の言う通り増えていても不気味だし、弟の写真の通り三体だったとしても、それはそれで、あの時見たのはなんだったのかと……」

そう言いながらOさんは自身のスマホを差し出す。

画面を覗き込んでみると、確かに右からお地蔵さま、次にボロボロになってその造形がよくわからない石塊、その左に台座の上に足首あたりまでが残る地蔵跡が並んで写っている。弟から送られてきたという、例のお地蔵さまの写真だ。

幸いにも、なんらかの他の画像が突然映し出されるようなことはなかったが、写真に写っているのは思っていたよりも薄暗く、湿っぽい雰囲気の場所だった。

何も知らない状態であれば、田舎の山道を走っていてこのような光景が視界に入ったとしても、別段なんとも思わなかったかもしれない。が、今こうして事情を知ったうえでこの異様な三体のお地蔵さまの写真を見せられると、なぜなのかはうまく説明できないが、正直、見なければよかったな、という実感にさいなまれた。

手招き地蔵

地元の大学を卒業して県内で就職したAさんは、彼氏であるB君が運転する車で深夜のドライブを楽しんでいた。

雑談をしながら別府市と大分市を結ぶ片道三車線の幹線道路を進む。ほとんど信号もなく走りやすい道のためか、高速道路かのような猛スピードで追い抜いていく車もちらほらある。事故が多いエリアだという話も、あながち嘘ではなさそうだ。

緩やかな右カーブに差し掛かったところで、車が急にククッと不自然な挙動をし、左タイヤが白線を踏んでブブブ……と不快な音を立てた。

不審に思ってB君を見ると、彼はぼうっと視点の定まらない目を前方に向け、だらしなく口を開けている。とてもではないが、運転に集中している状態には見えない。

「ちょっと！　どうしたの！」

驚いたAさんが大声をあげると彼はハッと正気に戻り、あわててハンドルを握り直した。いわゆるレーンキープアシスト機能搭載車でなければ、どうなっていたことだろう。

しばらく進んだところで赤信号になったので、

「居眠りでもしたの？　しっかりしてよ！」

と助手席からB君の方を向き直って叱り飛ばす。

見ると彼は顔面蒼白で、前を向いたまま反論するでもなくぼそりと、

「……目が合った」

と呟いた。

——え？

Aさんには、B君が言わんとしていることが即座に理解できた。

直前まで普段通りだったB君が、突然気の抜けたように豹変したあの場所は、地元の人の間ではよく知られた怪異譚「手招き地蔵」の現場だったのだ。

まさか、馬鹿なこと言わないでよ……気のせいでしょ？

別大国道と呼ばれるこの幹線道路を大分市方面に向かって進むと、左手が海、右手は鉄道を挟んで切り立った断崖状の山になっている。市境を過ぎてしばらく経った、仏崎と呼ばれる岬にさしかかったところの山側のある箇所に、高さが一メートル四、五十センチはあろう大きなお地蔵さまが立っている。通称「手招き地蔵」だ。

Aさんがこのお地蔵さまにまつわる話を聞いたのは、小学校三、四年生の頃だった。

夜、この道を走っていると、お地蔵さまと目が合うことがあるという。

ただ実際には、お地蔵さまは海の方を向いて立っており、その前を横切るかたちになる別大国道を走る運転者と目が合うことは物理的にあり得ない。そもそも道路からお地蔵さままでの間にはかなり距離があり、通常であれば目が合っているかどうかなど確認できないだろう。

にもかかわらず、はっきりと目が合うことがあるというのだ。

そして、もし目が合ってしまったらもう助からない。その車は必ず事故を起こし、乗っている者はみな死んでしまうのだという。

子どもだったAさんはこの話を聞いてすっかり怖くなってしまい、車を運転する両親に、あの場所にはよくよく気をつけるよう本気で諭したのを覚えている。

そんななか、この話への信憑性を高める出来事があった。ある時、学校からこの話を語ることを禁じられたのだ。

Aさんの記憶によれば、ある日の朝礼で担任から禁止令が言い渡されたそうだ。あまりに噂が大きくなってしまったため、県だか市だかがこの話を禁じたらしく、合わせてお地蔵さまには何らかの手が加えられるとのことだった。手を加える、というのが具体的に何を指すのかは覚えていない。移設するというような話だったか、改めてお祀りの儀式などをするという話だったか……。

いずれにせよ、Aさんら当時の児童には、学校が公式に禁止するくらいだから、きっとほんとに何かがあるにちがいないと思えたという。児童たちは震えあがり、この話をすることも怖くなったのか、その日を境に「手招き地蔵」の怪を語る者はいなくなった。

禁止令は、思わぬかたちで効果覿面《こうかてきめん》となったということだろうか。

今思えば、同乗者がみな死んでしまうならば、お地蔵さまと目が合ったことが伝承されるはずもなく、いかにも他愛のない子どもじみた噂話にすぎないのだろうが、当時はこれがとても流行し、Aさんの小学校のみならず、別府市内を始め、近隣の少なからぬ地域で語られていたそうだ。隣接する大分市出身のB君も、おそらくこの話を聞いてはいただろう。

結果的にはこの時、AさんとB君は事故に遭うこともなく無事で済んだ。

B君が言うには、運転していると突如右側前方から視界の中に何かが飛び込んできたそうだ。まるでボールが投げ込まれたかのような感覚だったが、飛び込んできたものはいかにも作り物という質感で、目と鼻と口がある、人の頭部のような形状のなにかだった。

咄嗟にお地蔵さまの顔だと思ったそうだが、その目にはちゃんと黒目と白目があり、表面は薄く濡れていて、まさに人間の目そのものだった。全体は作り物でありながら目だけが妙に生々しく、その目と視線が合うことで胸の奥底から言いようのない不快感がわき起こったが、そこでAさんの大声が聞こえて我に返ったという。

二人の間では、疲れていたB君が一瞬、居眠りに近い状態に陥り、かつて聞いた怪異譚を瞬間的な夢として見たのだろう、ということで落ち着いたそうだ。

Aさんによると、この「手招き地蔵」はかつてこの場所で起こった電車埋没事故の犠牲者の慰霊のために置かれたものだそうだ。だが、設置されたことによってかえって交通事故が増え、犠牲者の霊がさらなる犠牲者を呼んでいるのではないかと噂されるのだという。本来は事故の犠牲者の霊を弔うためのものだったお地蔵さまが、むしろ、眼前を通る運転者や同乗者を、手招きして呼び寄せているのだと。

＊＊＊＊

Aさんより二回りほどご年配のCさんは、少し違った話を聞かせてくれた。

Cさんの話は、別大国道が現在のような六車線の大規模なものに拡張整備される以前のことだ。

ある夜、Cさんは大分市から別府市に向かって別大国道を走っていた。AさんやB君と逆の方向ということになる。

仏崎にさしかかる。当時、このあたりはカーブが多く微妙な勾配もあり、運転には注意を要した。少し速度を落として慎重に走っていると、急にフッと黒い人影が山側から走り出てくる。

「あっ」

あわや事故かと思ったところ、人影は驚くべき速さでCさんの車の前をかすめ、そのまま海の方へと走り抜けた。咄嗟のことで最後まで目で追えたわけではないが、進行方向やその速度から考えて、影はそのまま海へと落ちていったはずだ。拡張工事がおこなわれる以前は、別大国道のすぐ脇が海だったからだ。

黒い人影はひとりのものではなく、四、五人が絡み合い、ひとつの塊になっているように見えた。絡み合った各々が手足を不自然にばたつかせ、ある者は空を掴むように上へともがき、ある者は泳いでいるかのように水平に手を掻き、それらがひとまとまりになって滑るようにすうっと走る。ヘッドライトのみが頼りの暗がりの中、なぜそこまではっきりと見ることができたのか不思議だったが、確かにそう見えたという。

謎の影の異様な形貌はCさんの記憶に深く刻まれ、しばらくは夢に出てうなされたそうだ。

正確に場所を特定できるわけではないが、あの影は、お地蔵さまのあるあたりから走り出てきたようにも思える。ただしCさんは、この出来事とお地蔵さまを結びつけて考えてはいない。

というのも、件のお地蔵さまがある仏崎は、昔からさまざまな奇談が伝わる曰くありげな場所なのだという。

奇怪なことが起るのだとしても、それはおそらく昔からあったことで、なにも「手招き地蔵」が設置されたからということではない。だいたい、お地蔵さまはこの地の安寧や交通安全を祈念して建てられたのであって、手招きして人を呼び寄せるどころか、むしろ、何処からか呼び寄せようとしてくる他の「なにか」から人々を守ってくれているはずだ、というのがCさんの考えだ。

「うっかりすると『なにか』に呼び寄せられてしまいかねない難所。だからこそ、ああやって経文が刻まれているんだろうね」

Cさんの言うとおり、仏崎の山側、断崖の壁面には「南無妙法蓮華経」の七字が大きく書き込まれていて、これは現在も目にすることができる。初めて見る者には、正直、異様なものと感じられるかも知れない。

古くから事故や災害の多い難所であり、また大分側と別府側を隔てる事実上の境界ともいえる地、仏崎。

どうやらここには、怪異の噂を引き寄せ醸成する磁場のようなものがあるらしい。

＊＊＊＊

郷土史などの資料をあたると、仏崎の地名の由来として次のような話が遺されている。

大友親秀《おおともちかひで》が守護の頃とされるから、十三世紀のことだろう。親秀はながらく荒廃していた神宮寺を再興すべく寺境を再建し、如賢上人という僧を招いて開祖とした。如賢は連日、人々のために説法をしていたが、そこに毎度、美しい童子が現れて熱心に聞き入っている。彼はこの童子が凡人ではないと思い、ある時、その正体を知ろうと帰路を尾行させたところ、寺のすぐ南のあたりで忽然と姿を消したという。

翌日も説法に現れた童子に何者なのかを尋ねると、

「私は海中の龍王の子です。あなたの説法によって諸仏の秘要を聞き、正しく真如を悟りました。しかしながら、正体を明かしてしまった以上、これより上人の説法を聞きに来るわけには参りません。せめてそのお姿を遙拝したいので、海岸に上人の尊像を建てていただけませんでしょうか」

と語った。

如賢はその真心に感じ入り、仏工に命じて自らの石像を彫らせて岸壁の洞穴に安置したという。以来、海岸には夜な夜な龍の灯火が現れるようになり、そのため人々はこの岸壁を仏崎と呼ぶようになったそうだ。

なるほど、だとすると仏崎よりも龍ヶ崎とか上人崎とかの方が名称として妥当なのではないかと思えなくもないが、この話にはもう少し続きがある。建てられた如賢像のその後の話だ。

岸壁に安置された石像は、いつの頃からか縁結びの地蔵として信仰を集めるようになったという。それも、この像に石を投げつけると御利益があるということになったそうだ。像を削り取って持っていることで成就すると記すものも見られるが、いずれにせよ、結果ボロボロになり、顔がのっぺらぼうのようになってしまったこの像のことを、人々は「面撃地蔵」と呼んだとされている。

なかなかに強烈な名前と言えようが、興味深いのは、この時点で「地蔵」とその「顔」というキーワードが出てくる点である。もちろん「面撃地蔵」といわゆる「手招き地蔵」はまるで別個のものなのではあるが、ここで印象づけられる「地蔵」と「顔」のキーワードは、Aさんが語る「手招き地蔵」にまつわる怪異にも通底するイメージではあるだろう。

時代は下って、十九世紀のこと。

仏崎には磯伝いに往来する道が通っていたが、細い崖道で危険な場所とされていた。のみならず、夜になると「馬の首」なる怖ろしい化けものが現れて人々を悩ませたという。「馬の首」が「下がる」ともされていることから想像するに、木にぶら下がって現れる馬の首の姿の妖怪「さがり」のようなものなのだろうか。

この怪異の詳細がどのようなものかはわからないが、文政七年に西光寺の戒順という僧が仏崎の崖に「南無阿弥陀仏」の六字と日月の徽章《きしょう》を彫ったところ、「馬の首」の出現ははたと治まったという。

この六字の名号が、現在も存在する「南無妙法蓮華経」の経文の由来であろう。


明治末期に日蓮宗に属する大分の商人が自費で「南無妙法蓮華経」に改めたとされるが、昭和二年に造られたとする記述もあり、あるいは幾度か書き直されてきたのかもしれない。地元紙によると昭和三十七年に修理改装されたようで、この改装の折、一年前に起こった電車埋没事故をふまえて「交通安全」の字が加えられた。

現在目にすることができるのはおそらくこれで、彫られるというより文字板を崖に打ち付けるようなかたちで、右側に「交通安全」、左側に「萬民快楽」とある真ん中に「南無妙法蓮華経」と大きく書かれている。

経文から十数メートルほど別府側の道沿いに建つのが、「手招き地蔵」と称されるお地蔵さまだ。Ａさんが指摘したとおり、このお地蔵さまは昭和三十六年に起こった電車埋没事故の犠牲者を追悼するために建てられたそうだ。

昭和三十六年十月二十六日午後二時五十五分、大分から別府方面へと進む路面電車を、崖崩れが飲み込んだ。朝から激しい雨に地面が緩んでいたところに電車が近づき、その振動が引き金になって崩落が起こったものと考えられているようだ。電車には七十数名の乗客があり、うち三十一名が死亡、三十六名が重軽傷を負う大惨事となった。被災者のなかには下校途中の小・中学生や高校生もいたということだ。

お地蔵さまがいつ建立されたのか、正確な年代はわからなかった。おそらく事故からそう年月の経たぬうちに建てられていたのだろう。

被害にあった路面電車はその後、昭和四十七年に廃線となり、その頃から仏崎を通る別大国道が四車線に拡張された。平成五年からはさらに拡張工事が進められ、平成二十四年に全線が六車線化されるなど、付近は事故当時からはずいぶんと様変わりしたようだ。

その折、お地蔵さまが移設されるようなこともあったかも知れない。仏崎あたりの六車線化が済んだのが平成十六年頃とされているから、Aさんが担任から聞いたという、お地蔵さまになんらかの「手を加える」とのことが、拡張工事に伴う移設なりその竣工式なりだったと考えるなら、少なくとも年代的には符合する。

では、事故の犠牲者の追悼のために建てられたとされるお地蔵さまが、なぜ「手招き地蔵」と通称されるようになったのか。

その由来について、地元では知られた噂がある。

このお地蔵さまは、もともとは右手を挙げた状態――掌をこちらに向けた状態とも上向きに水平に保った状態とも言われるが――だったという。それが、事故の犠牲者の霊の重さから次第に下に垂れてきたとか、あるいは手招きするかたちで今のような状態になったとか、そういう噂だ。その手招きが新たな犠牲者を呼びよせる……などという怪異譚の語り草ともなっている。

Aさんや B君がそうである二十代から三十代、またはそれより若い年代層にはこの噂がそれなりに知られているようだが、ご年配のCさんはこの話を承知しておらず、そんなことはないと思うよ、と苦笑いされていた。

「自分も詳しいわけではないけれど……」

と前置きしたうえでCさんが語るには、そもそもお地蔵さまが手を下に垂れるのは与願印《よがんいん》というもので、衆生《しゅじょう》の願いを聞き届けたということを示す印相なのだそうだ。むしろお地蔵さまの像容としては一般的なもののひとつであるらしく、最初からそのお姿で造られたと考える方が自然だということだ。普段あまりお地蔵さまの手の位置を意識したことはなかったが、仏像ということで考えてみれば、掌をこちらに向けて下に垂れる姿は、確かに珍しいものではないように思える。

少し視点は変わるが、地元紙に興味深い記事を見つけることができた。

別府市の、仏崎とは異なるとある場所で交通事故が続いた。この時「事故が続いて起こるのは事故で死んだ人たちが呼ぶからだ」という付近の住人の声もあり、地元の人々がお地蔵さまを彫ってお堂を建て、立建祭をおこなったという。仏崎での電車埋没事故の翌年、昭和三十七年の記事である。

もちろん、記事のお地蔵さまは「手招き地蔵」とは別個のものだ。だが当時、事故の犠牲者がさらに犠牲者を呼ぶという観念が人々の中にあり、かつ、それを鎮めるためにお地蔵さまを建てた事実があった。さらに、そのことが新聞記事にもなっていたのだ。

仏崎のお地蔵さまの手の位置がどうだったかはともかく、それにまつわる噂の土壌となるものが、当時すでにあったと考えてよいだろう。直接的な参照関係の有無云々ということではなく、噂の母胎とでも言うべきものが。

＊＊＊＊

怪異譚を集めていると、時としてジレンマを感じることがある。

怪異譚が実際にあった事件や事故にまつわるものだったり、土着的な信仰に関わるものであったりした場合、話の場所や内容が、人々の真摯な慰霊や祈りの対象となっていることも少なくない。

それら、信仰の対象やそれにまつわる逸話を「怪談」として消費してしまってよいものだろうか。けして貶《おとし》めるつもりはないにしても、それは人々の信仰心を土足で踏み荒らすようなことになりはしないだろうか。

残念ながら、「肝試し」やそれに付随する悪ふざけのために重要な史跡が荒らされてしまう事案も実際に起きている。言うまでもなく許されざる蛮行だが、それらを大上段に構えて非難する権利が——僕の行為が不埒なものとならぬよう、僕なりに注意を払っているとはいえ——僕にあるだろうか。

「手招き地蔵」にまつわる怪異譚も、僕にとってはこのような葛藤を感じざるを得ないもののひとつだ。

今、眼前にある仏崎のお地蔵さまには、立派な花が手向けられている。

それは今日に限ったことではなく、これまで幾度か訪れたその都度、きちんと新しいものに替えられていた。屋根部分のみの簡素なお堂の裏には掃除用具が整頓されており、周囲はいつもきれいに片付けられている。

事故のご遺族なのか、地元の方々なのか。ともかく、このお地蔵さまが今も人々の崇敬を受けていることが容易に見て取れる。

これも地元紙によるが、平成二十七年のこと。おそらく交通事故なのだろう、このお地蔵さまが破損してしまうことがあった。すると、市民の善意でボランティアによりほどなく修復された。修復した石材業者には後に感謝の手紙まで届いたとの話もあり、仏崎のお地蔵さまがいかに人々に親しまれる存在であるかがわかるだろう。

さて、仏崎のお地蔵さまのすぐ右側に、勾配になって崖の奥へと上がっていく小道がある。それを登ったところに、電車埋没事故の慰霊碑がある。

登っていくと程なく、ほとんど道なき道とでもいうべき状態になり、ところどころ崩れている石垣を伝うように進まざるを得ない。あえて言っておくが、この場所に「肝試し」に来ようなどとは決して思わない方がいい。それは心霊的な何かとか、マナーや道徳の問題以前の現実として、こんなところを夜間に登るのは明らかに危険だからだ。下手をすると、命に関わる事故につながりかねない。

実はこのあたりは、戦前まで別府三勝のひとつに数えられて賑わった「佛崎公園」の跡なのである。戦後、観光地としては寂れてしまったため、今では事実上の廃墟となり、崩れた石垣や人工池の跡らしい石組みが遺るばかりで、ほとんど山林と言っていい状態ではあるのだが。

この公園跡の中腹とでもいうべきところにやや開けた場所があり、そこに電車埋没事故の慰霊碑が立っている。

別大国道をはさんで別府湾を望む見晴らしのよい高台。亡くなった犠牲者三十一名の氏名が刻まれた慰霊碑には、やはり、真新しい花束が手向けられている。つまり、そのためにここまで登って来られる方がいらっしゃるということだ。

実際に立ってみればわかる。麓のお地蔵さまも含め、ここは今なお慰めと祈りの場なのだ。

あたりを見渡してみると、山手の方に「佛崎公園」と記された立派な石碑と、麓のお地蔵さまに比べるといくぶん小ぶりで、いかにも古そうなお地蔵さまが一体建っている。その右手は上を向き、掌をこちらに見せる状態、いわゆる施無畏印《せむいいん》のお姿だ。

ふと思った。ここからは、あくまで僕の想像に過ぎない。

ひょっとすると、ここにある古いお地蔵さまは、かつて麓の別大国道沿いに建っていたのではなかろうか。それが、今の仏崎のお地蔵さまが建立される際か、あるいは度重なる国道の改修工事のなかで、ある時、山上に移されたのではなかろうか。今のお地蔵さまと入れ替わるようにか、もしくは、いずれかの時期に結果として今のお地蔵さまだけが残るかたちになったのか。根拠のない想像にすぎないが、仮にそういうことがあったならば、

「確か、ここのお地蔵さまは右手を上に向けていたような気がするが……今見てみると、下にさがっているんだな」

などと思う人があっても不思議ではない。

そんなふとした感想がどこかで口達されていけば、やがては、お地蔵さまの手が次第に動いて下がったという噂の拠り所となる可能性はあろう。怪異譚の元とは、案外、そのような些細な誤解だったりするのかも知れない。


土地の名称にまつわる説話に、「面撃地蔵」の伝承。「馬の首」と六字の名号の民話に、今もある「南無妙法蓮華経」の経文。実際に起こった大事故。そして、打ち捨てられた公園の廃墟。

いかにも何かの曰くとされそうな要素が重層的に絡むこの地が、怪異の噂を引き寄せるのも無理はない。Aさんが語ったような、お地蔵さまに仮託された噂話がいずれ姿を消したとしても、おそらくはまた、他の何かを依代《よりしろ》とした新たな怪異譚が立ち現れるのではあるまいか。

そんなことを考えながら、気を抜けば足をひねりそうになる不確かな崖道を、僕はゆっくりと下っていく。確かに、藪をかき分けながら進む道中、なんとなくぞくっとするというか、「あれ、ここはなんだか普通じゃない気がするな……」などと感じてしまう場所が、ないではない。

もっとも、そんなの気のせいだ、と言われてしまえばそれまでのことではあるのだが。


【参考文献】

大分県教育会編『大分県郷土傳説及民謡』昭和六年（非売品）。

郷土史跡傳説研究会編『増補豊後傳説集』昭和七年（会員頒布）。

渡辺克己著『大分今昔』昭和三十九年（大分合同新聞社）。

清原芳治編『写真集 郷愁の別大電車と沿線風景』平成十七年（大分合同新聞社）。

大分新聞 記事 大正七年五月十一日朝刊。

大分合同新聞 記事 昭和三十七年四月二十六日夕刊、昭和三十七年十一月二十三日朝刊、昭和六十三年十月二十三日朝刊、平成二十七年九月十二日朝刊。

馬の首

「牛の首」といえば、怪異を好む者ならば誰しも知っているであろう、まさしく最凶の怪談である。あんな怖ろしい話をここで語るつもりはさらさらないが、大分市の仏崎にその昔、「馬の首」という怪異があったらしいことは前話に書いた。

興味深いことに、大分県には「馬の首」にまつわる奇談・怪談が他にもいくつかある。

昭和七年に刊行された『豊後傳説集《ぶんごでんせつしゅう》』にある話で、おそらく九世紀ごろのことだろう。

大分市内を流れるK川の上流のある村に、ひとりの旅の僧がたどり着いた。村人に「今日中に山越えをしたいので、馬子《まご》の世話をしてくれないか」と頼んだものの、誰も取り合ってはくれない。なんとかならないかと重ねて乞うと、面倒に思われたのか、村人のひとりが「山越えは道が険しく、馬の通れるようなところではない」と嘘をついてこれを拒んだ。

旅僧はやむを得ずひと晩の宿を求めたが、それさえも拒まれる。

怒った彼はひとり山を登り、頂上で錫杖《しゃくじょう》を振るって「この地よ、以後永久に馬を通すな！」と呪詛して去った。

すると村の東側の山が姿を消し、山麓の川が険しい谷となった。幅はわずかだが両岸断崖絶壁で、深さ百メートルはあろうその谷は、とても渡れるようなものではない。かなりの距離を迂回せねばならなくなった村の者は、丸木橋をかけて谷を通行するようになったのだが、この橋を馬が渡ろうとすると必ず足を滑らせて落下する。なぜか、馬だけが決して渡れないのだ。

谷の光景は凄惨を極めた。転落する馬はみな断崖の岩に引っかかるかたちで死んでいき、結果、切り立った谷の両岸には常に多数の馬の生首がぶら下がっていたという。そのため、この谷はいつしか「馬頭が谷」と呼ばれるようになった。

ひょっとするとあの旅の僧は、かの弘法大師だったのではないかなどとも噂されるようになり、困り果てた村の者がここに馬頭観音堂を建てたところ、馬が落ちることはなくなったという。以後、村人たちは旅僧やお遍路らに喜んで宿を貸すようになったそうだ。

化けものとして妖怪化された「馬の首」が下がるとされる、いわゆる「さがり」の怪異現象とはことなり、現実の馬の生首が文字通りぶら下がるという奇談だが、先に書いた仏崎での「馬の首が下がる」という怪異がこれと関連するかどうかはわからない。ただ、どちらも僧が関わり、経文や観音堂を設けることで怪異が解消されるなど、いわゆる仏教説話として成立している点は共通すると言える。

これとはまた別に、地元の方に怪談を教えてほしいと乞うとしばしば挙がってくるのが、この地域ではよく知られた「馬の首」の話だ。

関ヶ原の合戦から派生して起こった佐賀関の戦いにまつわる話というから、一六〇〇年のことだろう。豊後竹田の中川秀成は、西軍に与した臼杵《うすき》城主、太田一吉を攻めることになった。中川方の家老格のひとり中川平右衛門は、この戦いで武運つたなく戦死してしまう。

その折、死を覚悟した平右衛門は遺書を愛馬の鞍壺に結びつけ、竹田の自宅へと馬のみを走らせた。愛馬は無事に平右衛門の屋敷にたどり着き、その門前で鬣《たてがみ》を振るって嘶《いなな》いた。

屋敷内では聞き覚えのある嘶きに驚き、奥方は夫の帰りかと喜んだが、門を開けてみるとそこには主なき馬のみが立っている。これを見た奥方は、遺書の事情を知らぬままに、

「主人を捨てて逃げ帰るとは、なんと不忠な馬か」

と憤り、長刀《なぎなた》でその首を切って捨てたという。

馬の側からしてみればなんとも理不尽な話ではある。卑しくも軍馬である以上、戦に臨んで命を落とすのは覚悟の上としても、不忠の誹《そし》りを受けるのは耐えがたい——などと馬が無念に思ったかどうかはわからないが、戦場とされる佐賀関から平右衛門の屋敷跡のあたりまで、少なく見積もっても七十キロ程はある。馬にとっても容易な距離ではない。それを主人の命でいわば見事に伝令を果たしたのだから、褒められこそすれ手打ちにされるような話ではないだろう。

物言えぬ馬の悲哀と怨念が深く祟ってか、これを機に「馬の首」の怪異が現れるようになった。また、平右衛門の一族には、往々にして言葉を発することができない者が生まれるようになったという。

この伝承には、佐賀関の戦いではなく豊薩合戦《ほうさつかっせん》の頃の話とするものや、ある戦に敗れた際にお宮に火をかけ、そこで神官に討たれたとするものなどさまざまなバリエーションがあるのだが、上述のようにまとまった話としては、南画家の岡本香村《おかもとこうそん》（一八八三－一九六三）が昭和二十年に著した『竹田奇聞《たけたきぶん》』（昭和二十年刊、昭和五十一年復刊）が典拠として挙げられよう。ここでは「馬の首」の怪異の詳細については語られていないが、調べてみるとこれについて「人の背中に馬の首が下がる」とする資料があり、やはり「馬の首」の怪異は「下がる」ものであるようだ。

なお、平右衛門の屋敷跡の裏山には、昭和の頃まで馬頭観音が祀られていたとされる。

宇佐市のとある坂道に生えているはぜの木に「馬の首が下がる」と噂され、付近の者がこの木のあたりを通ることを恐れているという。

これは昭和六年に刊行された『大分県郷土傳説及び民謡』にみられる話で、実際に「馬の首」を見たという者がいるでもなく、噂の根拠も定かではないとされるが、かつてこの地に馬剥場があったと語られている。これなどは、水木しげるが描いたイメージで知られる「さがり」に近い、いわばオーソドックスな「馬の首」の怪異といえるかもしれない。

仏崎に「下がる」とされた「馬の首」がどのようなタイプのものなのかは知れないが、人と馬との関係の歴史は古く、五千年前には家畜化されていたとも聞く。人と馬との間には、家畜や経済動物としての側面にとどまらない、ある種の信頼関係が古くからあったに違いない。身近な存在であればこそ、時としてそこに怨念なり妄念なりが投影され、怪異として人の前に立ち現れることになったのだろう。

【参考文献】

岡本香村『竹田奇聞 下編』昭和二十年、昭和五十一年再版（竹屋書店）。

大分県教育会 編『大分県郷土傳説及び民謡』昭和六年（非売品）。

郷土史跡傳説研究会 編『増補豊後傳説集』昭和七年（会員頒布）。

賀川光夫 監修 竹田市史刊行会 編『竹田市史 下巻』昭和六十二年（竹田市史刊行会）

豊後竹田の八尺女

大分県竹田市にある岡城跡は、瀧廉太郎が〈荒城の月〉を作曲する際に着想の源泉としたとされる山城の跡だ。天守閣などの建造物はいずれも遺っていないが、断崖の上に築かれた石垣群は確かに壮観で、「難攻不落」というありがちな称揚もいかにもと思わせるところがある。実際に、天正期の豊薩合戦では精強として知られる薩摩軍を見事撃退したという。

歴史ある場所であることからか、岡城跡には怪異の伝承がいくつかあるのだが、そのなかでも特に関心をひくのが岡城下七不思議のひとつ「長井戸八尺女」だ。

八尺女というネーミングからは、誰しもが、今や説明不要と言っていい傑作怪談「八尺様」を想起するであろう。怪異好きとして興味が湧かぬはずがない。

話の概要はこうである。

岡城には三つの登城口があるのだが、うち北側にある近戸門への道筋は「七曲り」と呼ばれる、のたうつように曲がった急勾配である。その途中、近戸門からおよそ二丁のところにある怪巌の下に、長さ三メートルほどの浅い柄杓井戸があるという。ここに、かつて大殿の勘気のふれて下げ切りにされた女の幽霊が出るというのだ。

この幽霊が身の丈八尺、つまり二四二センチもあるように見えるとのことで、後にこれを弔うべく井戸の中に観音さまの石像を沈めたとされる。

これは豊後竹田の南画家、岡本香村が著した『竹田奇聞』にみられる記述だが、この『竹田奇聞』は地域の歴史・民俗資料として後の著述にもしばしば引用されており、本書をもとに『竹田市史』（昭和六十二年）でも岡城下七不思議について言及されている。ここでは「長井戸の八天女」となっているが誤植であろう。

また、地元図書館には詳細不明の手書き冊子『岡藩竹田地方のわらべ唄』が所蔵されており、ここにも「竹田七不思議（竹田おじいもん）」として「長井戸の八尺女子（おなご）」との記載が見られるが、これには「昭和三十年代に古町の南画家岡本香村先生に伺う」と注書されている。

残念ながら『竹田奇聞』での八尺女の記述の典拠をさらに遡ることはできなかったが、いくつか関連する資料を見つけることができた。

『竹田奇聞』で岡城下七不思議のひとつに数えられている「上角のヒユウヒユウバタ」なる怪異については、大正十二年刊行の『直入郡志』にも記述が見られる。八尺女への言及はないため類推にしかならないが、この頃すでに「不思議」として語られていた可能性はあろう。

個人蔵の古い書物を書写したという『豊岡古人語集』(昭和五十三年刊)には、さらに興味深い記述がある。

近戸門のすぐ内側の敷地には中川宗鉄なる人物の屋敷があったという。現在の城趾の状況から推測すれば、岡藩家老家中川民部屋敷跡あたりになるのだろうか。この宗鉄、ずいぶんと手荒な人物であったらしく、家来を手討ちにすることが度々あり、屋敷内の池に切り捨てたと伝わるそうだ。この記述を容れるならば、切り捨てられた者のなかには女性もあったかも知れず、また、屋敷内の池ならぬ城外の井戸に捨てたこともあったのかも知れない。あるいは屋敷内に捨てた話が、いつの頃からか、ひと気のない城外の要害「七曲り」付近の井戸の話へと転化していったのかも知れない。

なお、宗鉄屋敷の池のあたりに生える松を薪にすると腹痛などの「たたり」をなした、とも記されている。

少し視点は変わるが、岡城にはもうひとつ井戸にまつわる逸話が遺っている。

岡城二の丸には空井戸がある。北村清士の『岡城物語』（昭和三十七年）によると、この空井戸は文禄期の中川家入部の際に造られたものの、その後、用途がわからなくなっていたようで、城外に通じる緊急時の抜け穴ではないかとか、底に財宝が隠されているのではないかといった噂が取り沙汰される謎の空井戸となっていたという。

文化五年、中川久貴が藩主の頃にこれを調査することになり、普請方のひとりが井戸内に入った。井戸の深さは七〇メートルほど、底には一滴の水もなく平たい石が敷き詰められており、巨石が落ち込んでいたという。つまり、抜け穴でもなく金銀財宝などもないといういくぶん拍子抜けする結果だったのだが、底から一メートルほどのところに東向きの小さな横穴があり、そこに一体の観音像が安置されていることがわかった。

井戸の中の観音像。八尺女の井戸に観音さまの石像を沈めたという話との関連を思うのは飛躍に過ぎるだろうか。

ちなみにさらに話は逸れるが、岡藩領内には桃山期から江戸期にかけてのものとみられるキリシタン遺構が遺されており、禁教時代にもいわゆる隠れキリシタンがいたのではないかと考えられている。隠れキリシタンがしばしばマリア信仰を観音信仰に置き換えて隠匿していたことをふまえてみると、空井戸に隠すかのように置かれていた観音像や、想定外に背の高い女性の幽霊が出る井戸に観音像を沈めたことなどをどう捉えるのか、さまざま空想を膨らませることもできよう。

現在も、近戸門のすぐ外側には長方形の井戸跡と覚しき穴が確認できる。ただ、『竹田奇聞』や『竹田市史』の記述に従うならば、八尺女が出るとされるのはおそらくこの井戸ではなく、そこから「七曲り」を下ったところにある大きな岩から滴る水を受ける小ぶりな溜池のような箇所と推定できる（ただし令和四年現在、近戸門から「七曲り」へは通行禁止になっている）。

距離にしておそらく二丁ほど、長さ三メートルほどの浅い人造の水溜で、『竹田市史』

にある「岩からしみ出る水をためた井戸」という描写にも符合するからだ。岩からの水は現在も絶えることなく滴っており、ポチャ、ポチャ、ポチャと無作為なリズムを響かせている。

ひと気のない暗がりのなか、門を出て不安定な曲がり道をようやく下っていく。暗さのために目視できない水の滴りを「何ものかの気配」だと感じたとしても、けして不自然ではないだろう。そのうえ、付近の宗鉄屋敷ではかつて人が斬られて捨てられたらしいということを知っていたなら……。

それがどんなものかはともかく、怪異が立ち現れてしかるべき状況ではあろう。

東北地方の話とされることが多いらしい「八尺様」と、豊後竹田の八尺女を直接結びつけるような根拠があるわけではなく、本稿でも八尺女が「八尺様」の原典だなどと主張するつもりはさらさらない。

白いワンピースを思わせるような、たとえば白の長襦袢姿だとか、「ぽぽぽ」という奇声が聞こえるだとかいう伝承があれば（あえていえばポチャ、ポチャという水滴音はなくはないが）さぞや面白かったのだろうな、などと思わなくはないが、この豊後竹田の八尺女の例に示されるように、いかにもどこかの民俗伝承にありそうな要素がふんだんに含まれているところが、ネット発の現代怪談「八尺様」を傑作たらしめる要因なのかも知れない。

【参考文献】


岡本香村『竹田奇聞下編』昭和二十年、昭和五十一年再版（竹屋書店）。

賀川光夫 監修 竹田市史刊行会 編『竹田市史下巻』昭和六十二年（竹田市史刊行会）。

詳細不明 小冊子『岡藩竹田地方のわらべ唄』。

大分県直入郡教育会編纂『直入郡志（復刻版）』大正十二年、昭和四十八年復刊（名著出版）。

阿部隆好（編）『豊岡古人語集』昭和五十三年（竹屋書店）。

北村清士『詩情豊かな岡城物語』昭和三十七年（竹田市教育委員会）。

道が出る

イベント音響の仕事をしているSさんは、ある地方の文化会館で行われる大規模な催しに、ヘルプで入ることになった。普段は本拠とする別の町のコンサート会場で働いているのだが、この業界では、近隣で大きなイベントがある際、助力を頼まれて応援に出向くことがよくある。

応援に向かったT文化会館は初めての場所だが、制作統括のA氏とは以前に何度か仕事をしたことがある。A氏にはやや尊大なところがあり、Sさんとしてはあまり反りの合う相手ではなかったのだが、仕事をふってくれるのはありがたい。

そのA氏から電話があり、事前の打ち合わせのために文化会館に行くことになった。電話の中で、

「Sさん、確か以前にそういうの好きだって言ってたよねえ……」

とA氏が切り出す。

そういうの、とは他でもない、いわゆる心霊スポットだ。

なんでも、文化会館の近くに江戸時代の処刑場跡があるという。いわば郷土の史跡なのだが、そういう場所だけに地元では心霊スポットとされているそうだ。もし興味があるなら寄ってみたらどうだ、とA氏は詳しい場所を教えてくれた。

平素からそういう場所を巡ることを好むSさんは、もちろん、そこに寄ってから文化会館に行くことにした。


車で一時間半ほど。行ってみるとその場所は小さな公園という雰囲気で、きちんと整備もされており、正直、あまり怖いという感じはしない。昼間だということもあるのかもしれないが、Sさんとしては「まあ、こんなものか」と少々落胆して再び車に乗った。

とはいえ教えてくれたA氏には、あそこは怖かった、見応えがあったなどと言って礼をするのが道理なのだろうなと思いつつ、本来の目的であるT文化会館に向かおうとカーナビを設定する。

ナビに従ってしばらく進んだところで、周囲の光景に違和感を覚えた。なぜかどんどん町外れに向かっている。車通りも全くない。いくら地方とはいえ、ここまで人里離れたところに文化会館を造るだろうか。

ナビは、この先のトンネルを抜けてすぐに右折しろという。土地勘のないSさんはともかくナビに従おうと考え、不審に思いながらもコンクリ造りの大きなトンネルに入る。

トンネルを出て、いざ右折しようとしたところで、これはおかしいと思った。

右折で入る道は鬱蒼とした森林へと続いており、軽自動車一台がぎりぎり入れるかどうかという狭さだ。車が通ったらしい轍はあるが、舗装もされておらず、こんな道の先に文化会館があるとはとても思えない。

そしてなにより、なんとなく行ってはいけない気がする。

Sさんはあわてて車を路肩に停め、道を確認しようと携帯を手に取る。

文化会館の番号に掛けてみると、電話口にはA氏ではなく、文化会館の職員だという若い男性が出た。すみませんが……と経緯を説明すると、何かまずいことでも言ったのか、その職員の血の気がみるみる引いていくのが電話越しにもわかる。

「そこを動かないで！　すぐ迎えに行きます。絶対に車からは出ないで！」

Sさんは職員の剣幕に呆気にとられたが、彼はかまわず続ける。

「トンネルの先に、右に折れる道なんてないんですよ！」

しばらくするとその若い職員が白い軽ワゴンで現れ、降りもせず窓越しに後続するように指示すると、すぐに走り出した。遅れまいと後を追う。

十五分くらい走っただろうか。文化会館の駐車場に着くと、彼が駆け寄ってきてしきりと「大丈夫ですか？」と聞いてくる。

Sさんには、何がなんだかわけがわからない。戸惑いながら、

「え、私？　いや、大丈夫ですかね、私……」

などと要領を得ない返答をするのが精一杯だった。

その若手職員によると、そもそもトンネルの先に右折する道などなく、なぜそんなところに道が出たのか解せないのだそうだ。

聞けば、あの刑場跡に触れるとしばしばそういう不可解なことが起こるとのことで、地元の人たちの間では近寄ってはいけない場所だとされていた。

「なんであんなところに行こうとしたんですか。普通、わざわざあんなところに行かないでしょ」

と責めるような口調の若手職員に気圧され、おろおろと視線のみでA氏を探してみると、

彼は近くに来ようもせず会館の通用口あたりから遠巻きにこちらの様子を眺めている。
その表情は——読めない。

結局、その日の打ち合わせは中止になり、Sさんは会館内に入れてすらもらえず、駐車場からそのまま帰宅を促された。

その夜には、ヘルプの依頼をキャンセルしたい旨のメールが届いていた。

以後、ぱったりとA氏からの仕事の依頼はなくなり、もう長らく顔も合わせていないという。


もし、あのままあの道を進んでいたら、一体どうなっていたんだろう。


ここまで語るとSさんは、ふっと何かを思い出したかのような顔をした。

どうかしたのかと問うてみると、

「話していて、今思い出したんですけど……」

と、急にこれまでの饒舌な語り口が失せ、一言一言確かめるように慎重な口ぶりで続ける。

確かA氏はT市の出身、それもおそらく、文化会館の近辺が地元だったように思う。かつて一緒に仕事をした際、雑談の中でそんなことを言っていたような記憶がある。彼がこのイベントの制作統括を任されたのも、地元出身だからということもあってのことなのかもしれない。

だとすると、あそこが地元の人も避けるような場所であることは、A氏も知っていたはずだ。若手職員の口ぶりから察するに、おそらく遊び半分で行っていい場所ではなかったのだろう。

ならば、なぜそんな場所を勧めてくれたのか。

もちろん、シンプルに考えれば、Sさんの趣味を知ったうえでの、A氏なりの親切心だったということなのだろうが——。

「こんな話で大丈夫ですかね？　オチもなにもないですけど」

場の空気を変えようとしたのか、Sさんはあえて明るい声色でこう言って顔を上げ、屈託のない笑顔をみせた。

「敏感」な人たち

クラシック系の声楽家として活躍するMさんによると、音楽家のなかには「敏感」な人が少なくないという。

コンサートホールでのリハーサルを終え、本番までの空き時間などに楽屋で、

「また客席にいたね」

「このホール、よくいるよね」

などという会話がなされることも珍しくない。もちろん、客席には誰もいなかったにも拘らずだ。

Mさん自身には見えないので、どういうことか聞いてみると、

「客席一階の、左後ろの方でしょ?」

「そう、肩くらいの長さの髪の……」

「そうそう、ベージュっぽいカーディガンか何か着てたよね」

などと複数の人が同じような指摘をすることがあり、そんな時は、あながち嘘や空想ではないように思うのだという。

都市部のみならず地方での演奏会に出演することも多く、全国を巡っていると、なんとなくそういう話が多く聞かれる場所がいくつか絞られてくる。

そんな場所のひとつ、X県のとある公共ホールでの話だ。

室内合奏などと呼ばれる十数名でのアンサンブルのリハーサルをしていた際、客席後方の入場口あたりから、なんとなく人の気配がしだした。公演スタッフがリハーサルを観に来たのだろうか。それにしては、大人数が移動しているような圧迫感がある。

演奏に支障がない程度にチラチラと客席を見遣る。場内の照明はいわゆる「客電」が灯っている状態。つまり客席も明るく、ステージ上からも隅々までが見渡せる。

気配から察するに、移動しているらしき人たちはもう客席に入ってきていると思われた。

ところが、客席に人などいない。

いや、正確には記録用の撮影係が一名、客席の後方でビデオカメラなどを準備しているが、この気配はどう考えてもその人のものではない。

(あれ？　おかしいな)

と思った途端、急に側頭部や額の生え際のあたりからダラダラと汗が流れ出し、腰から背中にかけてスッと寒気が走る。

なんだろう、この感じ……。

異変を感じたその瞬間、合奏のメンバーとしてヴァイオリンを弾いていたAさんが突如演奏をやめ、立ち上がって楽器と弓を座っていた椅子に置くと、客席の方を向いてパンパンと手を叩き始めた。無論、みなが驚いて演奏は止まる。

合奏メンバーのほぼ全員が呆気にとられ、指揮者は狼狽していたが、Aさんはかまわず手を叩き続け、

「帰りなさい！　あんたらの来るところとちがう！」

などと大声をあげている。

この時Mさんは、メンバーの多くが驚いてAさんの方を見ているなかで、幾人かがAさんの視線と全く同じ方向をジッと睨んでいるのを見逃さなかった。

その数名は、まさに普段から「敏感」な人たちだ。

それでMさんは、今どういうことが起こっているのか察することができたという。

しばらくすると状況は落ち着いたようで、リハーサルこそ一時中断したものの、演奏会自体は何事もなく無事に開催されたそうだ。

＊＊＊

この話の後日談として。

Mさんはその後もAさんと度々共演しているのだが、数年後のある時、何気ない雑談のなかでこのX県での出来事が話題になった。

聞けばあの時、Aさんは客席に大勢の人らしきものが入ってくるのに気付いたという。それらは例えるならば逆光状態のカメラのように、はっきりと見ることはできないのだが、シルエットやその動きを捉えることはできた。のろのろとステージの方に向かってくるそれらには、首のないものや肢体の欠けたものもおり、Aさんの解釈によれば、武者ではないようだが、そのような古い時代に斬られた人々のようだったという。

Aさんはリハーサルの後、ホールの責任者にこのことを告げた。

責任者は半信半疑で、ともかく今日はなんとか演奏してくださいというような柳に風な対応だったが、そういうことに慣れているAさんはそこで立腹するでもなく、その日のスケジュールを全うしたそうだ。

この演奏会から一年ほど経った頃だろうか。

Aさんに、かのホールの責任者から電話があった。

なんでも、老朽化していたホールの大規模な改修工事のために地面を掘ったところ、十六世紀頃のものと推察される遺跡が見つかったそうだ。この地域は歴史が古く、そういうことが度々あるらしいが、ホールの下から打ち捨てられたような当時の遺体が複数発見されたという。

詳しいことはその責任者も聞いておらず、詳細はわからないのだが、以前のAさんの指摘のことが頭に引っかかっていたらしく、わざわざこのことを知らせてくれたというのだ。

この話を聞いたMさんは、こういうことはやはり、あながち嘘や空想ばかりとは言えないのだなと改めて思ったという。と同時に、ひとつ気になったことがあるそうだ。

あの時、客席後方で記録用の撮影準備をしていたあのスタッフ。

彼は、なんともなかったのだろうか。

大勢の人ならぬものに囲まれてしまった彼に、なんらかの影響なり異変なりはなかったのだろうか。

おそらく主催者が委託した業者であろう彼のことをMさんは知らないし、遠目に見かけただけなのでその顔すらもわからない。連絡の取りようはないし、そもそも連絡をとるような関係性でもないだろう。

つまり彼に何かがあったのか、あるいはなかったのかは、今となっては杳《よう》として知れないのだ。

迷子のおじさん

あ、これだ。この角を右だ……。
ようやく見知った生け垣のある角に出て、やれやれ今度こそという気持ちでそこを曲がると……。

——あれ？

まただ。
またも、ここではない。
見覚えがあるようなないような、似たような戸建てが整然と並ぶ住宅地。Ｉさんはかれこれ二十分ほど付近を行ったり来たりしている。

このあたりにあるはずの、自宅に帰るために。

越してきて三ヶ月と日が浅く、まだ慣れていないということはあるにせよ、片道七、八分の道のりの、近くのコンビニまでの帰路で自宅を見失うとは……我ながら情けない。


そういえば二週間ほど前、妻も同じような目に遭っていた。

近所からの帰宅時、ふと帰り道がわからなくなり、自宅近くではあるらしい住宅地内で迷子になったというのだ。妻からの連絡を受けて外に様子を見に行ってみると、二筋先の角を曲がったところで戸惑う彼女を発見した。

お互いにまだ三十代、認知や記憶に不安を感じるような年代でもなく、ことさら方向音痴ということもない。この時は、早く慣れないとねなどと笑い話で済ませていたが、まさか自分も同じように迷ってしまうとは。妻のことを笑っていられない。


見ると、先の角の左側から初老の女性が歩いてくる。渡りに船と会釈しながら歩み寄り、

「すみません、三丁目ってどのあたりでしょうか?」

と尋ねる。

「三丁目ですか? ちょうどこの筋のあたりですけど……どうかなさいました?」

女性は不審がることもなく親切に答えてくれた。

「この筋、ですか? ほんとに? Lヶ丘三丁目?」

Iさん宅はLヶ丘三丁目にある。

仕事の都合で縁もゆかりもないこの地に赴任することになったIさんは、地元の不動産屋にほとんど任せきりにするかたちで戸建ての借家を探した。近年の再開発に伴い主要駅付近に高層マンションが林立したこともあってか、バブル期に造成された郊外型のニュータウンには、建屋は古くも充分な広さの貸家がいくつも出ていた。

そんななかのひとつが、Lヶ丘三丁目の我が家だ。確かに古びてはいるが、庭付きでそれなりの広さの戸建てを、都心では考えられないほど手頃な家賃で借りることができた。不動産屋によれば、それでもこのあたりの相場だという。

「Lヶ丘？　いえいえ、ここはMの台ですよ。Lヶ丘って言ったら、国道の向こうですけど……」

女性の返答に、Iさんは言葉を失った。

自分はLヶ丘の自宅から徒歩でコンビニへ行き、その帰りに同じLヶ丘の中で道に迷ったはずだ。それなのに、Mの台？

Mの台は同じ市内にある住宅地で、おそらく造成年代も近いのだろう、Lヶ丘とは似たような景観のエリアだ。ただ、Lヶ丘からMの台まではそれなりに距離がある。車で十五分から二十分、もし歩けば優に四十分はかかるだろう。しかも途中にはこのあたりの主要幹線道路である国道が走っていて、そこを渡ったならば必ず印象に残るはずだ。

――まさか、Mの台だなんて。そんなことが、あり得るだろうか。

戸惑うIさんに初老の女性は、

「ああ、Lヶ丘、ですか……」

などと意味深に言いながらも、付近のバス停を教えてくれた。

そう。Lヶ丘、なのだ。

住んでから知ったことだが、どうもLヶ丘は、地元ではいわゆる「心霊スポット」とされているらしい。丘の頂上付近が高級住宅地、麓の方は庶民向けの一般的な住宅地になっているのだが、「心霊スポット」とされるのは前者の区域のようだ。立派な邸宅なり別荘なりが立ち並ぶ丘の上の町並みは、確かに庶民からみればやや異質で、人によってはそこにある種の不気味さを感じるのかも知れない。多少のやっかみも含みつつ。

曰く古戦場だったとか、以前は墓場だったとか、その謂われ自体は他愛のないものだが、屋内で不審な音がする、突如テレビが点灯したり消灯したりする、はたまた夜中に武者行列が見えるなど、さまざまな噂がネット上で囁かれているという。住民にとっては傍迷惑な話である。

もっともそんなことを気にするIさんではなかったが、興味本位で調べてみたところ、確かにこの丘は戦国期のある戦いで本陣があった場所だそうだ。市指定の史跡にもなっており、根も葉もない噂ではないのだろうが、どうやら勝者側の司令部にあたる場所らしく、だとしたら、むしろ血生臭い殺戮の場ではなかったということだ。宅地化される前はある業者の観光施設だったことが明らかで、墓場だったという噂の根拠は見当たらない。

麓の区画、それももはや丘とは呼べない平地に位置するIさん宅でも、時折、何かの物音がしたりはする。ただ、築年数の古い木造家屋で家鳴りがするのは当然のことだろう。テレビが点いたり消えたりすることはないものの、消したはずの電灯が点いていたり、逆に消えていたりということはある。それとて、こちらの思い違いと考えるのが自然だろう。誰にだってうっかり電灯を消し忘れることはある。

——ただ……。

今回のことはさすがに引っかかった。

ごく近所で道に迷うこと自体、自分としては通常あり得ることではないように思える。ましてや、そのあげく相当な距離を移動してしまうなど……もちろん、可能性として徒歩で行くことが不可能な距離ではない。不可能ではないが、現実的でもない距離なのだ。キツネにつままれた、などと表現すると陳腐に過ぎるだろうか。

「心霊スポット」だという噂と関係があるかどうかはわからない。調べた範囲では、道に迷ってしまうという怪異の噂はなかったように思う。

しかし、今まさに自分たちにおかしなことが起こっているのではないか。

普段はしっかり者の妻が道に迷ってしまったことも、あるいは——。

Lヶ丘へ向かうバスの中、Iさんの思考はどうしてもそういう方向に向かわざるを得なかったという。

ちなみにこの時、バスを降りてから自宅までの間で再び迷子になるようなことはなく、今度はすんなりと帰れたそうだ。

笑い声には気をつけろ

フィールド・レコーディングというジャンルがある。
おもに野外で森林や水辺、あるいは街中などのさまざまな環境音を録音するもので、基本的には音や音楽に関わる職業人が取り組むことが多いのだろうが、デジタルレコーダーやスマホの録音アプリなどが普及した昨今、趣味として楽しむ人も増えつつある。そんな、いわばある種の道楽にまつわる話だ。

小さいながらも音響制作会社を立ち上げ、映像の音楽や音声を作る仕事をしているKさんは、趣味もかねて永らくフィールド・レコーディングに取り組んできたベテランだ。早朝の鳥声を録るのだと、テントを担いで山中で数泊するようなことも厭わない猛者《もさ》である。その技術や経験はさすがという他はなく、三年ほど前、僕がこの分野に足を踏み入れ始めた頃に知り合い、以来しばしば助言を受けてきた。

実情をいえば、現在では商業用の効果音アーカイブなども充実しており、受注した仕事のためにわざわざ音を録りに行くことはあまりないのだが、それでも時折、必要な音のイメージにぴったりなものを録りだめたコレクションの中から見いだし、そのまま使用できることもあるからあなどれない。少なくともKさんにとっては、たんに趣味として、ほどほどに楽しめればよいというようなものではないのだろう。

誰もいない山の中、魅力的な音を探して歩き回り、ここぞというポイントでマイクを立てる。

余計な音をたてないようにじっと息を潜めて耳を凝らしていると、どうも不可解な音が聞こえることがままある。

たとえば、周囲に誰もいないはずなのに、どこからかぼそぼそと話し声のようなものが聞こえたり、かすかに男性の低い唸り声——それこそ、お経でも唱えているような——が聞こえたりくらいのことならば、おそらく誰しも経験できるのではないだろうか。

ただし、ほとんどの場合、それら原因について一応の説明ができてしまう。

谷間や川の跡地など、えぐれた地形では共鳴により伝声管のような効果が生じ、わずかな音が思いのほか遠くまで伝わることがある。そんなところでは、離れた場所にいる登山客の話し声などが、意外な距離まで届いたりもする。

また、岩場や窪地などでは特定の周波数が強調されるような特徴的な残響が生じることがある。そこで大きめの蜂や虻などが低い羽音を立てれば、まるでお経の読誦《どくじゅ》かのような響きが生じても不思議ではない。

僕が怪異を好むことをKさんは知っていて、顔を合わせるたびにこちらが「山で何か怪しげなことはなかったですか?」などと尋ねるのを、

「山の中に、そうそう不思議なことなんて転がっちゃいないよ」

とその都度一笑に付す。それでもめげずに、

「先日、何々山でこんな変な音が聞こえたんですけど……それに、こんな妙な音も録れましたが……これって、怪しい感じじゃないですか？」

などとささやかな成果を示して水を向けてみても、ああそれは何々という鳥の鳴き声で……これは何々科の樹木が風ですれる音で……と次々と謎のヴェールを剥がしていってくれる。Kさん自身は怪異や怪談にまるで関心がないようで、いつもけんもほろろ、といったところだ。

ある時、F渓谷で音を録った際の話になった。

ここは、川の水が巨大な花崗岩を浸食してできた甌穴群《おうけつぐん》が特徴的な地形で、知る人ぞ知る景勝地ではあるのだが、いかんせんアクセスの悪い山奥にあり、訪れる者はほとんどいない。入り組んだ岩場を走る流水が多彩な音をたて、録音にはもってこいのスポットだ。もちろんKさんはこの場所をよく知っており、録れた音や録音ポイントなどについて話していた。

一通りの情報交換がすんだあと、やはり僕が話を「怪しげなことはなかったか」という方向に向かわせるなかで、

「実は、周囲には誰もいないはずなのに、笑い声みたいなのが聞こえたんですよ」

と持ちかけてみる。

まさしく酷道と言うべき細い山道を進むと、こぢんまりとした駐車スペースが見えてくる。ここに車を停め、コンクリで一応の整備がなされている階段をしばらく下りていくと、そこがF渓谷だ。

ちょうど渓谷に降り立ったところで、上の駐車スペースあたりから「キャハハ」に近い、若い女性の笑い声が聞こえてきた。そこだけ捉えると学生のグループが観光にでも来たのかという感じだったが、それにしては車が走ってくる音も、そのドアを開閉するような音もなかったし、笑い声が生じるに至る前後の会話も聞こえていない。

妙だな、となんとなく気になったのみならず、うっかり予備電池を車内に忘れてきてい

たこともあり、一旦駐車スペースに戻ってみた。

やはり、そこには自分の車しか駐まっていない。

階段を上がるわずかな時間のうちに他の車が走り去ったとは考えにくいし、そんな様子もなかった。どういうことだろう。

ただこれも、あり得るといえばあり得ることではある。

渓谷の岩場という不規則な反響がおきやすい場所で、常に流水の音がなっているわけだから、なにかの拍子にまるで笑い声のように聞こえる響きが生じる可能性はあろう。もしくは、猿や鹿などの野生動物が鳴き声をあげたのかも知れない。これをただちに怪しげなものと捉えるのは拙速に過ぎる。

そんな話をKさんに投げかけてみようと、「笑い声だと思ったんですけど、どう思います……」などと言いかけたところで、こちらの台詞が終わらぬうちに、

「なんだって!?」

と、Kさんが鋭く言い放つ。

普段のKさんには似つかわしくない、高圧的とすら思える口調に驚いた。

実はこの時、Kさんとは直接お会いしていたわけではなく、ミーティングアプリを使ってオンラインで話をしていたのだった。パソコンの画面を通じてでは、Kさんの表情を仔細にみることはできない。

怒っているのか。何か気に障ることを言ってしまったのだろうか。

急なことに狼狽して返答できずにいると、Kさんは矢継ぎ早に、

「女の笑い声だったんだな？　男ではないんだな？」

「離れたところから聞こえたのか？　そうなんだな？」

「すぐ耳元で聞こえた、とかでは、ないんだな？」

などと畳みかけてくる。

尋常ではないKさんの様子に戸惑いつつも、これはきっと何かあるに違いないと感じた僕は、

「なんなんです？　笑い声がどうかしたんですか？　なんかあったんですか？」

と逆に問い返した。

するとKさんはフッと軽く息を吐くようにして一旦落ち着き、わずかに黙ってから気を取り直すと、まず、心配があまって口調が荒くなってしまったことを詫びた。

そして、あえて意識したのであろう穏やかな調子で「この話は、もうやめよう」と言うと、次のようなことを付言《ふげん》した。

山の中で不思議な音やことに出会っても、さほど気にすることはない。山とは、そもそ

もそういうところだ。

ただ、笑い声には気をつけろ。

それがどこであれ、すぐ耳元で笑い声が聞こえるようなことがあったら、何があっても直《ただ》ちにその場を去れ。悪いことは言わん、絶対にだ。

あの笑い声は、ほんとにダメなやつだから。

どういうことなのか問うてみても、Kさんはそれ以上のことを語ろうとはしなかった。

そしてそれが、彼なりの思い遣りであろうことが言外に滲んでいた。

このことがあってから、もう半年ほどKさんとお話しする機会は得られていない。

これがきっかけかどうかはわからないが、有り体に言ってしまえば、次第に疎遠になったというのが実際のところだ。ＳＮＳなどで互いに近況は把握しているし、けして仲違いしたわけでもない。変にわだかまりを感じるようなKさんでもないのだし、連絡をとろうと思えばとれる状態ではあるのだが、少なくとも、件の真相について改めて問うてみる気にはなれない。

つい最近、共通の知人に聞いたところによると、ちょうど半年ほど前からKさんは人里離れた山や川に録音に入ることをやめてしまったという。最近はもっぱら、街中の音を収集しているそうだ。なんでも、

「ひとりで山に入るだなんて怖ろしいことを、これまでよくできたもんだと自分でも思うよ。そんなの、絶対にやめといたほうがいい」

などと述懐しているという。

長く低く、それでいてよく通る声

「とーまーれー！」

真夜中に突然耳元で叫ばれ、Ｔさんは驚いて飛び起きた。

時計を見ると深夜二時過ぎ、ひとり暮らしなので部屋にはもちろん誰もいない。混乱していると追い打ちのように携帯電話が鳴り、驚きのあまりベッドの縁にしこたま頭をぶつけた。それでも不思議と恐怖心はなかった。

電話は彼の母からで、祖父が危篤だとの知らせだった。急ぎ始発の新幹線で京都の実家に帰ったが、すでに祖父は亡くなっていた。

おじいちゃん子だったTさんは子どもの頃、しばしば祖父に戦争の話をせがんだという。映画やゲームの影響か、勇ましい戦争譚を期待していたのだが、祖父はそういう話を一切しなかった。ただ時折、東山霊山で催される慰霊会に出ていたので、従軍経験はあるはずだった。

忘れもしない小六の夏休み。その日、祖父はなぜか戦争の話をしてくれた。

だがそれは、Tさんの期待とは程遠い、凄惨極まりないものだった。

祖父は「祭兵団」と呼ばれた部隊の、おもに大砲などを扱う部署にいた。部隊は東南アジアでの戦闘で敗北を喫し、何週間もかかる長距離を歩いて退却することになった。すでに食料も物資も底をついて久しく、もはや軍隊の体をなしていなかったという。

とにかく食べる物がなく、雨季のジャングルの中、仲間は飢えと病で次々と倒れた。みなが道端に横臥して下痢を垂れ流している。雨と泥と遺体と悪臭のなか、大きな鳥が動けなくなった兵隊に寄ってきて、生きたまま目や頬をついばむ。それを振り払う力もなく、そのまま食われて死んでしまう者もあった。

「死んだらアリやウジがたかってな、目から来よる。目だけぱかっと黒く穴になるんや。三、四日でもう骨と服だけになってもうて。あんなもん戦やない。死にに行っただけや。行って負けて逃げて、みんなして野垂れ死んで……」

あまりの話に怯えて震えるTさんの頭を、祖父はそっと優しく撫で、

「まあいずれ、戦友が迎えに来るよってな。そん時は、儂は存分に生きたぞと。お前らの分も、よう生きたぞと。こんな立派な孫までおって言うて、みなに紹介するわな」

と言って笑った。

後に聞けば、母音を長く引き延ばした「とーまーれー」は、大砲を扱う部署特有の、軍隊での号令であるという。

Tさんが枕元でその声を聞いた日、つまり祖父の命日である八月十二日は、逃げ込むべき日本軍の支配地域を目前に、祖父の部署がわずか数名を除いて事実上全滅したその日だそうだ。

いわゆる霊感などは全くないと語るTさんが大学生の頃に経験したという、彼にとって唯一の不思議な体験である。

ザッピングとパンプスとA君

九州のとある大学に通うA君の下宿には、淡いピンク色のパンプスが一足置いてある。A君に恋人はおらず、ましてやA君が履くためでもなく、おそらくもう会うことはないだろうE美のものだ。

サークル仲間のなかでも特に親しいB君とC子、E美の三人は、何をするというでもないのだが、いつもA君の下宿のワンルームに屯《たむろ》していた。

夕食を終えてしばらくした頃、何気なくB君がテレビを点ける。

この地域は民放が二局しかなく、地上波は公共放送と合わせて四局しか映らないため、ザッピングしてもすぐにチャンネルが一周してしまう。

何周かザッピングしていたB君が「ん？」と呟いてリモコンの操作をやめた。

「こんなチャンネル、あったっけ？」

みながテレビに目をやると、B君はゆっくりと確認するように手元のリモコンでザッピングを始める。

一局目、二局目、三局目……芸人が海外を旅するバラエティ番組を放送している四局目のあと……。

本来なら一局目に戻るはずが、画面には明らかにそうではない、粗く薄暗い映像が映し出された。

この地域に新たにテレビ局が開設されたなどということはなく、A君宅はケーブルテレビなど地上波以外のテレビ視聴にも対応していない。妙な話だ。

こんなことは初めてだと、部屋の住人であるA君が他の誰よりも驚く。

画面をよく見ると、そこにはなんの変哲もない住宅地が映っている。近所なのか他のどこかなのかはわからない。戸建てが整然と並んだ、どこにでもあるような住宅地だ。

暗いうえにノイズがのっており不鮮明な映像ではあるが、手前から奥に向かって上り坂になっているようだ。音声はなく、まるで監視カメラの映像を見ているようだが、電波が混線して監視カメラの映像がテレビに映るというようなことがあり得るのだろうか。

その時、画面の中央奥の方、坂を上りきったあたりで何かが動く。

小学校低学年くらいの女の子だ。

女の子は嬉しそうにピョンピョンとその場で飛び跳ねている。

一体、なんの映像だろう。食い入るように見つめて確認しようとしたところ、

「いやあああっ！」

突然、Ｅ美が怖ろしいほど大きな悲鳴をあげる。みなが驚くが、かまわずＥ美は身を翻

し、ドアを開けて裸足で外へと走り出ていってしまった。

しばらく呆気にとられていたが、我に返って追って外に出る。が、どこかの角を曲がったのか、E美の姿はすでに見えない。C子がスマホでE美に通話をするが、彼女は鞄も置いたままで、室内で空しくE美のスマホが鳴動するだけだ。しばらく周囲を探してみたものの、E美の姿は見当たらない。

仕方なく室内に戻ると、テレビには何事もなかったかのように芸人が海外を旅する番組が映っている。その後、何度チャンネルを変えて試してみても、あの住宅地の映像が映ることはなかった。

E美の様子は普通ではなかったが、いかんせん連絡のとりようがない。

このあたりに下宿しているE実の友人何名かに連絡してみたものの、いずれにも彼女は行っていないという。荷物も靴も置いたまま出ていっていることから、そんなに長い間外にはいられないだろうし、またすぐに戻ってくるのではないか。

この時点では、たとえば警察に通報しようというような話にはならならず、なんとも宙ぶらりんな気持ちで時間が経つのを待ったという。

結局、三人がE美と顔を合わせたのは、この日が最後となった。

翌日、大学の学生課に状況を説明したところ、同課からE実の保護者に連絡をとることができたという。

財布も持たないはずの彼女は、どのようにしてかはわからないが、A君の下宿から数駅離れた彼女の実家に帰ったそうで、あのあと事件なり事故なりに見舞われたわけではないという意味においては、無事ではあったようだ。

それ以上のことは教えてもらえず、以来、E実は大学に顔を出さなくなり、そのまま退学してしまった。

そのため、なぜE美が急に出ていったのか、あの映像が原因だったのか、E美が今どうしているのか等々、何もかもがわからない。

A君宅に残されたE美の荷物は、とりあえずC子が預かることになった。とはいえ、実際のところE美に返す当てもなく、今のところそのままになっている。

C子が気付かなかったのか置き忘れたのか、E美のパンプスだけがいまだにA君宅の玄関に残されている。

A君としては勝手に捨てるわけにもいかず、なんとなく触れるのも気が引けて、結局それは、今もあの日と同じように、あの日と同じ場所に鎮座したままだという。

座敷童

大学生のXさんとその友人Yさんが、彼女らの体験談を聞かせてくれるとのことで、キャンパスのすぐ近くのカフェで落ち合うことになった。

Xさんが地元の宿泊施設にまつわる、いくぶん典型的ともいえる話を聞かせてくれた後に、心霊現象や霊感の類いは基本的に信じていないというYさんが語り始める。


O県O市に住むYさんは、小学四年生の頃、家族とともに少し離れた同県B市にある父の実家に引っ越して、祖母と同居することになった。

父方の実家は地元のいわゆる名家で、祖父亡き後も祖母はひとり悠々自適に暮らしていた。Yさんは昔から朗らかで優しい祖母が大好きで、古さは隠しきれないものの、広く立派な祖母宅で暮らすのには大賛成だったという。

転居の準備のために祖母宅と自宅を行き来していた頃、どういう事情だったかは忘れたが、その日は祖母宅に泊まることになった。広々とした畳敷きの一室で、Yさんと姉、それに小学一年生の弟が寝る。

夜中、Yさんはふと目を覚ました。普段とはちがう環境で、眠りが浅かったのかも知れない。

何時ごろかはわからない。都会とは言えないまでも県庁所在地ではあるO市内の自宅マンションに比べると、祖母宅は暗く、部屋の広さがより際立って感じられた。外から聞こえる虫の声、風で木々が揺れる音、そして、古い家屋がたてるミシミシとかカタッとかいう、いわゆる家鳴り。

田舎の夜はけして静かではない。

それらが気になってしまったYさんはなかなか寝付けなくなった。目をつぶりながらも寝返りを繰り返していると、ある時、弟が寝ている方向にふっと人の気配を感じた。

変だ。姉は反対側に寝ているし、他の家族が部屋に入ってきたなら気がつくはずだ。

おかしいと思いつつ、目をつぶったままでしばらく息を殺して気配に意識を集中させた。やはり、誰かいる。ここまで明確な気配が思い違いとは考えにくい。

意を決して弟の方を向き、うっすらと目を開けてみた。

確かに誰かいる。目を凝らすとそれはどうやら、女の子が座り込んでいる姿らしい。自分と同じ年頃の女の子の、透き通るように白い顔が暗がりのなかにぼうっと浮かんでみえる。服装は思い出せないが、黒髪のおかっぱで、こちらを向いて横向きに眠る弟の腰のあたりを、顔と同じように白い手でじっと押さえつけている。

「座敷童だ！」

Yさんは迷いもなくそう思い、祖母の家が裕福なのは座敷童がいるからだと納得した。嬉しくなって話しかけようとしたが、なぜか体が動かず声も出ない。さっきまでころころと寝返りを打っていたのが嘘のようだ。これが金縛りというものだろうか。

口元の筋肉だけをかろうじて動かして必死に笑顔を作ると、心の中で呼びかけた。

「座敷童さん！」

座敷童は微動だにせず、押さえている弟の腰のあたりを見つめている。全くの無表情だ。端正に整った顔にはまるで生気が無い。その質感は、人形のようでもある。

Yさんはそのままずっと座敷童を見続け、座敷童は朝まで弟の腰のあたりを押さえ続けていたはずだと思うのだが、実際には、いずれかの頃に眠ってしまったのだろう。朝になり、気が付くと座敷童はいなくなっていた。

Yさんは喜ばしい気持ちで、両親と姉と弟、そして祖母の全員で囲む朝食の際にこの話をした。母はニコニコと聞いていたが、父と祖母の表情が瞬時に強張る。

特に祖母の様子が普通ではなく、険しい顔で凍り付いている。

さすがにその時は、子どもながらに何か言ってはいけないことを言ってしまったのだと察したという。

それからの展開は急だった。

祖母との同居はなかったことになり、Yさんら一家はこれまで通りO市で暮らすことになった。さすがにおかしいと感じたYさんは、なぜ急に転居の話が立ち消えになったのか祖母に問うた。曖昧にはぐらかす祖母に業を煮やし、あの座敷童の件が関係するのか、と口にした途端、祖母の表情が一変した。

「そんなん違う。そのことはもう忘れぇ」

遮るように言い放つ。

優しい祖母の言葉とは思えない強い語気にショックを受け、Yさんは泣き出すこともできなかったそうだ。

ここまで語ると、Yさんは「何か追加で注文してきます」と席を立つ。

ついでに化粧室にでも行くのか、店の奥へと歩いていくYさんを目で追いながら、対面に座るXさんが、

「今の話、どう思います？」

と身を乗り出す。

僕が返答に窮していると、

「あれって絶対、座敷童ではないですよね。不気味すぎますよ」

と続けた。

Xさんが思うに、Yさんが見たものは座敷童などではなく、もっと禍々しいなにかだそうだ。そしてXさんは、それを地元ではよく知られる、とある湖にまつわる怪異譚と関係するものではないかと言った。

K湖と呼ばれる湖の怪異譚については、僕も耳にしたことがある。

花菖蒲の見所として知られる観光地であるK湖にはかつて、「夜間に子どもがいても話しかけないでください」とか、「子どもを見かけても車に乗せないでください」とか書かれた看板が立てられていたという噂がある。そしてそれは多くの場合、もう何十年も前ではあるが、湖で女の子が行方不明になったことがあり、今もその女の子の幽霊が出るのだという話と紐づけられて語られていた。

もっとも、これらはあくまで噂話やネットロアの類いにすぎず、その信憑性は怪しげなものと言わざるを得ない。僕なりに地元の人々に話を聞いてみたものの、裏付けとなるような事実は確認できなかった。あえて言えば、この地域で怪談として語られる話には、確かに小さな女の子にまつわるものが多いように思える。が、それとて必ずしも顕著な傾向と捉えられるほどのものではない。

Yさんの祖母宅は、この湖から車でおよそ三、四十分。近所とは言えないだろうが、この地域の感覚では同じエリアに属すものではある。そのことからXさんは、Yさんが言う座敷童と、湖の怪異とを同一視しているらしかった。

Xさんによると、Yさんもこのことは知っているはずだという。Yさんが湖の噂を知らないはずはなく、自身の話とそれに関係があることに思い至らないはずはないと。

そう捲し立てたところで、Xさんは視線を店のカウンターの方に向け、口をつぐんだ。カウンターのあたりから、抹茶をあしらったパフェらしきものを載せたトレーを持ったYさんが、こちらに歩いてくる。

「うわ、おいしそー。わたしもそれ頼もうかなー」

Xさんはそう言いながらちらりと僕と目を合わせる。

僕はそれを、湖との関連のことはYさんには言うな、という目配せであると受け取った。

Yさんにとってこの話は、あまり思い出したくないものだそうだ。

普段の優しい祖母と、あの時の祖母の剣幕とのギャップに、いまだに折り合いをつけることができずにいるという。そのため、あの座敷童についてそれ以上調べてみようともせず、家族を詮索するようなこともしなかった。弟にその後なにか異変があったわけでもなく、祖母との関係もそれまでと同じように良好だったそうで、転居の話がなくなった点を除けば、表立って何かが変わったわけではない、とYさんは言う。

彼女の言葉の端々からは、Ｋ湖の噂との関連云々とはまた別の次元で、なんとなく他者が踏み込むべきではない深層のようなものがあるように感じられ、この話をこれ以上掘り下げるのはやめることにした。

うずくまる

　地方の中堅印刷会社で営業の職に就くU氏は、社用車で官公庁や学校、大学などの事務局をまわり、言ってしまえば「御用聞き」のような仕事を日々こなしている。本人によると、別段ノルマなどが課されるわけでもなく、慣れてしまえば相手先になじみの顔もでき、年に数回ある繁忙期をのぞけば比較的気楽な仕事なのだという。

　ただ、U氏にはどうしても気になることがあった。社用車二号車のカーナビだ。

　この車のカーナビは時々、操作もしていないのに勝手な挙動をみせることがあるのだ。

　社用車のカーナビは、通常は施設の名称や住所から行き先を入力することが多いのだが、地図からポインタを動かして任意の地点を行き先に指定することもできる。この場合、サイドブレーキ付近にあるジョグコントローラでポインタを動かすのだが、本来、このジョグに触れなければ画面上にポインタが現れることはない。

ところが、二号車のカーナビに限って、触ってもいないのに勝手に画面上にポインタが表示され、何の操作もしていないのにそれがひとりでに動きだして適当な地点を指し示すことがあるのだ。

それ以上に勝手な動きをすることはなく、現在地に戻るボタンを押しさえすれば解消される不具合ではあるので、気にしなければ困るというほどのものではない。おそらく他の社員もこの不具合に気づいてはいるのだろうが、そのままにしているのだろう。

U氏はある時、この不可解な挙動が指し示す場所が、けしてランダムなものではなく、特定の三つの地点に限られることに気がついた。三つを仮にA地点、B地点、C地点としよう。特に順番にきまりがあるわけではなさそうだが、勝手にポインタが現れて動き出す際には、最終的には必ずこの三つのうちのどこかの地点を指すようになるのだ。

どうして必ずこの三地点が指し示されるのだろう。

ここに何か、それこそ埋蔵金なり、異世界への入り口なりがあったりすればおもしろいのにな……などという愚にもつかない妄想を愉しんでいる間はそれでよかったのだが、U氏は次第に、この三つの地点のことがどうしても気になり、どういう場所なのか確認しに行かずにはいられないようになってしまったという。

時間に余裕があったある日、U氏は意を決してまずA地点に行ってみることにした。

A地点は、街外れの大きな公園の駐車場であるらしかった。

車を進めると、その駐車場が見えてくる。平日の日中だ。それなりに広い駐車場にはほとんど車は駐まっていない。入り口のあたりまで二号車を進ませると、車から降りずにA地点らしいあたりをうかがってみる。ちょうど、駐車場の中心付近だろうか。そのあたりには、一台の車も駐まっていない。

視線を遣ってすぐに気付いた。そこに、誰かがうずくまっている。あたかも土下座をするようなかたちで、しかし一般的にイメージされる土下座の姿勢よりも、体全体をギュッと縮めたような不自然なポーズだ。

「ん？」

遠目にはそれが男性なのか女性なのか、年ごろや服装などもよくわからない。黒に近いグレーに見えた気もするが、その妙な姿勢以外には特に意識にのぼるような点がなかったため、はっきりとは記憶していない。

誰かが苦しんでいるのかもしれない。通報した方がいいのではないか。

咄嗟にそう思ってスマホに手を伸ばし、再びうずくまる人物の方に目を遣ると――。

そこには、何もなかった。

うずくまる人物など最初からいなかったかのように、舗装され白線の引かれた駐車場ががらんと続く。

「あれ？」

さっきまでうずくまっていた人間がわずかな一瞬でどこかに行けるとも思えず、U氏は車を降りてその地点のあたりに行き、周囲を見回した。やはり、うずくまっていたであろう人物の姿はそこにも、その付近にもない。

「……見間違いか」

U氏としては、この時はむしろほっとしたという。

誰かが心臓発作なりなんなりで苦しんでうずくまっていたわけではないのだ。見間違いでよかった。そう思って再び二号車に乗るとそのまま車を出し、仕事に戻った。

また別のある日、U氏はB地点に行ってみることにした。

A地点には、見間違いらしい主観的な誤謬《ごびゅう》はともかく、客観的には何もなかった。ただの駐車場だ。ではB地点はどうだろう。

B地点は、郊外の農地の一角のようだった。やはり二号車を走らせる。

ポインタが示していた場所は、水田と水田の間にある小さな雑木林とでも言おうか、空き地のような場所で、入ってしばらくは轍《わだち》などのある平地だが、その奥には、けして広くはないもののこんもりと木々が茂っているところだった。こういう場所を何と呼ぶのか、正しい名称をU氏は知らない。

車を進ませることができた土地の入り口あたりに停車して、やはり降りずに様子をうかがう。見ると、U氏から見て奥の方、平地と林の境目あたりに小さなお社がある。高さは一メートル半ほど、幅も七、八十センチ程度かと思われる小ぶりなもので、手入れも行き届いてはおらず、正直見窄らしいお社ではあるが、この雑木林はどうやらこのお社の鎮守の森のような位置づけであるらしかった。

まず目についたお社から、やや視線を下にさげると、

「ああっ！」


またあれだ。

さすがに今度は見間違いではあるまい。以前にA地点で見たと思ったのと同じ、不自然にうずくまる人物らしきものがそこにある。丁度、お社に向かって土下座するような恰好で、お社と二号車の間、およそ六、七メートル先にはっきりとそれはうずくまっている。

写真だ、写真を撮ろう。そう思って今度は視線を外すことなく手でスマホをまさぐり、

眼前のそれにかざしてカメラを起動させたところで、うずくまる人物と思われるものは忽然と姿を消した。

「えええ……」

U氏もさすがにこの時は恐怖した。

なんだかはわからないが、あれが尋常ならざるものであることは間違いない。きっと、関わってはいけない類いのものだ。

U氏は、今度は降車して確かめようなどとは思わず、すぐにその場を走り去った。

それからしばらく、U氏はカーナビが示す三地点のことを考えないようにしていた。なにかと理由を付けて、あるいはタイミングをずらして二号車を使用することも避け、他の社用車を使うことにしていた。

が、三ケ月ほども経ってくると、あのことが気になって仕方がなくなってくる。

A地点では見間違いだと思った。B地点では怖くなって逃げ出してしまった。はたしてあれでよかったのか。もしも本当に人がうずくまっていたのだとすれば、やはり介抱するなり通報するなりすべきだったろうし、なにか他の可能性があるのだとしたら……それは一体、なんだったのだろうか。

C地点はどうなのだろう。やはりC地点でも、あのうずくまるなにかを見るのだろうか。そんな考えが去来して、もう居ても立ってもいられなくなったという。

再びU氏は二号車に乗った。

逡巡しながら、しかし同時に意気揚々とC地点へと向かう。

そこは住宅街のなかにある、小さな公園だった。第○児童公園と通し番号で呼ばれるようなローカルな公園で、遊具なども一切ない。車を停めるところがなかったので、よくないことではあるのだろうが、すぐ近くのコンビニの駐車場に入り、一応、飲み物やガムなどを購入して客である態《てい》をとったうえで、徒歩で公園へと向かった。

フェンス越しに公園の中を見られる位置まで来る。

公園の左側奥には小さな石碑のようなものがある。慰霊碑的なものなのか、竣工記念などにすぎないものなのか。手前に植えられている木に隠れ、ここからはよく見えない。

そこから三メートルほど右側に離れた芝生の上に、やはりそれはいた。石碑の方に向かって土下座するようにうずくまっている。U氏はもはや驚きもせず、「ほうほう、やっぱりね」というような感覚でそれを見る。

これまでガラス越しだったそれを、今回ははっきりと肉眼で捉えている。U氏は、消えてしまう前にそれが実在するのか確かめてみよう、もし本当に誰かが苦しんでいるならば、今度こそ介抱しよう、と考えて公園内に足を踏み入れようとした。が、その時。


「あんた、あかんえ！　近づいたらあかん！」


という叫び声を後ろから投げつけられた。

驚いて振り向くと、知らないおばさんが怪訝な顔でこちらを見ている。ラフな出で立ちで、テリアなのだろうか、小さな白い犬を抱えているおばさんは、おそらく犬の散歩にでも来た近所の住人だろう。

「あんた、余所の人やろ。近づいたらあかんえ。ええから、もう帰り」

重ねて言うおばさんに気圧されてU氏はすごすごと公園を離れ、そのままコンビニの駐車場へと戻ってしまった。再度確かめに行こうなどとは思わない。U氏はそのまま車を出した。

なんだったのだろう。

公園にそれがうずくまっていたことは確かだという。

ただ、おばさんに近づくなと言われた時、確かにあれに近づいてはいけない、近づくべきではないと思わせる何かが感じられたそうだ。あの見知らぬおばさんの忠告には怖ろしいほどの説得力があった。

あれが何かはわからないし、わかりたくもない。とにかくもう近づかないようにしよう。関わらないようにしよう。U氏はそう決心して今に至るという。

二号車のカーナビは、今も時折あの三地点を指し示す。無論、U氏はもうそれには反応しない。ただここのところ、杞憂かも知れないが、どうしても心配になってしまうことがある、と彼は語る。

二号車のカーナビが指す地点が、これまで通りA地点、B地点、C地点の三点に留まるのならば、まあいい。けれどもし今後、指し示す地点が増えていったらどうすればよいのか。今のところその兆候は見られないが、もし四地点目、五地点目にあたるような場所が示され始めたら……。

最近のU氏は、そのことがどうしても気になるのだそうだ。

聖域からの生還

何があったからということはない。ただ何となく、もう嫌だ、とにかくもう生きていたくないと真剣に思った。

今は名の通った大企業の社員で、傍目にはいかにも順風満帆に見えるM氏がそんな台詞を口にするものだから驚いた。

彼が大学二年生になった春頃のことだという。

ひとり暮らしの足として使用していた原付で、目的もなくドライブを楽しんでいたある日、気がつくと市の西端の山道にさしかかっていた。気の向くまま曲がりくねった細道を登っていく。舗装された急勾配を登りきると、そこから脇にそれて未舗装の小道が薮の中へと続いていた。その時なぜかふと、そっちに行ってみたいと思ったという。

原付を降りて道端に停め、徒歩で薮の中を進む。

しばらく行くとすっと視界が開け、広場のようなところに出た。そこは三十畳ほどの広さで下草もきちんと刈られている。麓《ふもと》側はほとんど崖のように切り立っており、山の頂上付近ということもあって、そこからの眺望たるやまさに絶景。眼下にミニチュアのように広がる京都の街々が見渡せた。

こんなに気持ちのいい場所があるんだなと素直に思ったM氏は、しばらくそこに腰を下ろして風景を楽しんだ。遠くに小さく京都タワーが見える。あのあたりは京都御所か。

翌日、午前の授業に出席しようと大学に来たM氏は急に、目にすることの全てを馬鹿らしく感じてしまった。

すり鉢状の大教室に、スライド式の大きな黒板。楽しげに声を掛け合う周囲の友人たち。

普段、当たり前のように在るそれらの光景がとにかく不快で馬鹿らしく、発作的に校舎を出て原付に跨《またが》ると、あの場所を目指した。昨日発見した山中の広場で、その日は暗くなるまでただただ風景を眺めていたという。

それ以来、M氏は山中の広場を「聖域」と呼び、その他での日常を「下界」と呼ぶことにした。

聖域での時間はとにかく心地よい。一方下界は、具体的に何がということはないのだが、とにかく不快で一刻も早く離れてしまいたい。

朝、一応授業には出ようと大学へ向かうのだが、校舎に入ると、

「ここにはいられない。これは無理だ」

と感じてすぐに聖域に逃げ出す。そして日が暮れるまで、食事も摂らずにそこにずっと座っている。そんな日が続いた。

授業にもろくに顔を出さず、沈んだ表情ですっかり痩せてしまったM氏からは、次第に

友人たちも離れていった。それまで成績もよくサークルでも中心的な存在だったM氏の変わり様に周囲は戸惑い、よくない薬でもやっているのではないかとの噂すらあったという。

ある時、何気なく聖域の山側の方に目をやると、石組みの基礎のようなものがあるのに気づいた。建屋はすでになく、随分と古いもののようだったが、その形状からおそらくかつてここに小さな神社なり、祠なりがあったのだろうと推察された。これまで麓側にばかり目が向いていたため、山側のことまで意識にのぼらなかったのだ。

「そうか……ここは廃神社だったのか……」

そう思ったが、M氏は別段気に留めることもなく翌日からもここを訪れ続けた。

また別の日、石組みの基礎の左側に生えている大きな木の根本に、花束が手向けられていることに気がついた。これもM氏が気づかなかっただけで、以前からそこにあったのだろう。

「ふーん、花束か……」

その頃のM氏は花束にも特に何かを感じることなく、雨の日も風の日も、ただただ麓側に向かって座り込み、夜までじっと風景を眺めていた。そうしている間はとても心地よかったのだ。

自宅であれ大学であれその他の場所であれ、下界にいる間は全てが苦痛で、こんなところで生きていても仕方がない、もう生きていたくない、としか考えられない。ずっと聖域にいられれば、どんなに良いかと思えたという。

そんな生活が一ヶ月も続いたある朝、またいつものように教室に顔を出す。そして、

「もうやめよう。大学に来る意味なんてない。大学は今日で最後だ」

と決心して聖域に向かおうとしたところで、突然後ろから肩を叩かれた。

「君、どないしたんや。ちょっとこっちに来なさい」

振り向くと、教員らしき中年の男性が立っており、なかば強引にM氏を彼の研究室まで連れていく。

偶然か、それとも何かの因縁なのか。

M氏の大学は仏教系の学校だった。といって一般の学生には別段それがどうということもない。しいていえば教養科目にいくつか「仏教文化論」などの仏教がらみの授業が含まれる程度だったが、そのため、教員のなかには僧籍を持つ研究者や本職の僧侶などがいたそうだ。

M氏に声をかけた男性も、そんな教員のひとりだったという。

教員の後にふらふらと続くかたちで研究室に入ると、Iと名乗るその教員は特に何をするでもなく、自身の研究領域である仏教文化の面白さについて一方的に話していた。ゼミ生なのか院生なのか、親しい学生を電話で呼び出し、食堂から弁当をひとつ買って来させると、M氏に食べろと言う。促されるままボソボソと弁当を食べるM氏に、I先生は聲明という仏教での声楽音楽について熱く語り、レコードでそれを聴かせ始めた。

正直、興味の持てる話ではなかったし、聴かされた聲明もむしろグロテスクにすら感じられ、世の中には妙な音楽もあるものだとしか思えなかったが、少なくとも研究室にいる間、不快さは感じなかった。いつもM氏にまとわりついている下界のあの嫌な感触が、ここにはなかったのだ。

四、五十分ほどそうしていただろうか。最後にI先生はM氏の目を見てゆっくりとこう語った。

「君に宿題や。まず七日、きちんとご飯を食べて、しっかり寝なさい。それだけ。それ以外のことはなんも気にせんでええし、君の好きにしたらええ。七日それができたら、次はあと六週間、それを続けるだけや。簡単やろ？　生きるか死ぬかなんちゅうことは、この宿題を七週間やってみてから考えたらええわ」

何かすごい感銘を受けたわけでもなかったが、M氏はなんとなくこの宿題をやってみる気になったという。やはり聖域には行くのだが、朝・昼・晩の食事は意識して摂ることにした。昼に聖域でコンビニ弁当を広げるのもまた一興だ。

七日目ごろから、少し冷静に聖域を観察できるようになってきた。石組みの基礎が神社か祠の跡であることは間違いないだろう。住宅とは思えない。そう考えると、打ち捨てられた石組が少々哀れにも感じられた。なぜお社は撤去されてしまったのだろう。崇敬する人がいなくなったのだろうか。

そして何より、木の根本の花束だ。今は枯れているが、発見した時にはまだ花が咲いている状態だった。つまり新しかったということだ。それが木の下に手向けられていることの意味――。

しかしそれでも、聖域にいる時間の心地よさには勝てない。M氏はまだ聖域に通い続けた。

宿題を始めて三週間、さすがに事の異常さに気づき始めた。あそこが良いところであることを疑おうとは思わない。ただ、毎日毎日あんなところに行く必要があるだろうか。ちょうど梅雨時に差し掛かってきたこともあり、雨の中、原付で行くのは億劫《おっくう》だ。晴れた日だけにしようか。いや、気が向いた時だけでいい……。

四十九日が経つ頃には、あの場所への執着はすっかり消えてしまっていた。かつて下界と呼んでいた日常に、なぜあれほど苦痛を感じていたのかもよくわからない。日常は日常だ。そりゃ面倒なことも多いが、楽しいことだってたくさんある。

I先生とは所属学科も違うため、あれ以後ほとんど顔を合わすこともなかった。お礼に行こうと思ってはいたものの、サークルにバイトに、出席が足りずに落としてしまった授業の再履修にと忙しく、つい後回しにしているうちに、あっという間に卒業となってしまった。卒業式の前の週、I先生の研究室に行ってみたが、不在で会うことができなかった。仕方なく手元にあったルーズリーフに事情とお礼を走り書きしてレターボックスに入れてきたが、結局、それきりになってしまったそうだ。

教え子ではないから恩師とはいえないが、恩人といえるのはI先生だな、とM氏は話をまとめた。

「丸太町さんらのことを否定するつもりはないから、気を悪くしないで欲しいんだけど」

と前置きしたうえで、声のトーンを少し落としてM氏は続ける。

俺は、心霊とかオカルトとかの類いを全く信じていないんだよ。

むしろ、そんなことを言ってる連中を、馬鹿なんじゃないかとすら思ってる。

ただそのうえで、あの時期の俺は確かに、「なにものか」に魅入られていたと思うんだ。

「なにものか」が何なのかはわからないし、それについて考えようとも思わない。それが聖なのか邪なのかもわからない。あるいはひょっとしたら、あっちが聖だったのかもしれないと思うことすらあるよ。

何より怖ろしいのは、魅入られている時は心地いいってことなんだ。不吉だとも気味悪いとも感じない。とにかく、心地いいんだよ。それが救いだと思えるほどに。

これは俺がサバイバーだから言えることだと思うんだけど、多分ああいうのはね、気持ちが悪くなったり、どこかが痛くなったりするのばかりじゃないんだよ。

だからね、あんたたちも気をつけなよ。

竹とんぼ

子どもの頃から水田と畦道と用水路しかなかったある区画を、行政がちょっとした公園のようなかたちに整備することになった。

何とはなしに近くを車で走行中、工事の準備のために区画を囲うように設置されたフェンスが視界に入った途端、わっと湧き上がるように鮮やかに子どもの頃のある記憶が蘇ったのだ、とS氏は語る。

「どうして忘れていたんでしょうね。大切な思い出なのに」

小学生の頃、転校先で周囲になじむことができなかったS氏にとって、夏休みはけして楽しいものではなかった。誰と一緒に遊ぶでもなく、ひとり田んぼの畦道に腰掛けて、アりの行列や水路の小魚などをただただ眺めている。そんな日々を過ごしていたという。

四年生の夏だった。いつもと同じように畦道に座っていると、すぐ後ろから若い男のグループが話しかけてきた。いかにも孤独な子どもの様子を見かねたのだろうか。

「おい坊主、いいものやろうか」

グループのひとりがそう言って、お手製の簡素な竹とんぼを差し出した。

若い男は三人、あるいは四人だったか。不思議なことに、顔や姿、服装などは全く思い出せない。人見知りの強かったS氏が応えられずにいると、若い男はにこやかに、

「ほれ、飛ばしてみな」

と小さな掌に竹とんぼを載せてくれる。

嬉しくなったS氏はやっと笑顔をこぼして頷き、それからは日が暮れるまで彼らと竹と

んぼに興じた。不格好に竹片を削っただけのそれは、思いのほかよく飛んだ。

「坊主、空はいいぞ、空は」

そんなことを言いながら、彼らも屈託なく笑っていた。

翌日も彼らは来てくれた。

どこの地方の出身だとか、どこの大学だなどの身の上話は当時のS氏には晦渋《かいじゅう》なものだったが、ひとりはちょうどS氏と同じ歳頃の弟がいると言う。

それから二、三日の間、同じように彼らは来てくれた。

日が暮れるまで彼らと一緒に遊んだのだが、具体的に何をしたのかなど詳しいことは思い出せない。もらった竹とんぼはよくできていて、器用ではないS氏にも容易に高くまで飛ばすことができた。とにかく、楽しい時間だったことだけを覚えている。

一体、彼らは誰なんだろう。集落の者でないことは確かだ。孤立していることを心配した両親がどこかから呼んできたのだろうか。あるいは学校なり町会なりの差し金だろうか。そんなことを思わなくもなかったが、S氏の感覚では、彼らは自分に合わせてくれているというよりも、彼ら自身、心から楽しんでいるように見えた。

日差しと汗と青々しく広がる水田と、遠くから聞こえる蝉の声。どうやら彼らには、それらの全てが愛しいようだったという。

「僕、明日は来られないんだ。明後日また遊ぼうよ」

ある日の帰り際、S氏は翌日が登校日であることを告げた。夏休み中、どういうわけか一日だけ登校日が設定されていて、その日は学校に行かねばならなかったのだ。彼らはそれを承知したようで、「じゃあな」「また明後日な」などと手を振ってその日は別れた。

夏休みの登校日は、いわゆる平和教育にあてられる。

内容は忘れたが、とにかく戦争にまつわる悲しい映画を観て、戦争にまつわる怖ろしい話を聞いた。戦争は嫌だ。絶対にやってはいけない。

みんなでそんな感想文を書いているところ、後ろの席に座るA君が話しかけてくる。

「S、おまえ昨日、お社の手前の畦のとこにおったじゃろ」

A君は、ややがさつなところもあるが活発で、クラスのリーダー的な存在だ。これまであまり話しかけられることがなかったので、少々驚いて振り返る。

「あのへんはザリガニがようさんおるじゃろ。でも気をつけえ。Sは余所者やから知らんやろけど、あのへんはな……」

とまで言うと、取って付けたように真顔になって声のトーンを落とし、改まって、

「……幽霊が出るち」

と続けた。

S氏の驚きは、おそらく隠しようもなく素直に顔に出ていたのだろう。その反応を見てA君は我が意を得たりとばかりにキャキャキャと笑う。

その日はA君と一緒に帰ることになり、帰路でA君がその幽霊話について教えてくれた。

なんでもS氏が佇んでいた水田一帯は、かつて旧日本海軍の航空基地だったという。

そこから飛び立って還って来られなかった日本軍の兵士たちの幽霊が、今もあのあたりを徘徊しているのだ。

およそこのような話だったが、これを聞いたS氏は心底恐怖した。

まず、幽霊は怖い。本当に幽霊が存在するとは思えないし、むしろ存在するなどと思いたくもなかったが、とにかく幽霊は怖い。

そのうえ、日本軍だという。日本軍は怖ろしい。当時の学校では、日本軍は戦争を始めた悪い人たちで、たくさんの人々を傷つけたと教えられていた。まさに今日も平和教育でそんな話を聞いてきた。
その日本軍の幽霊だなんて、これ以上の恐怖がこの世にあろうか。いや、この世の話ではないところが問題なのではあるが——。

身震いしながら家に帰り着き、自室の勉強机の上に置いてあった竹とんぼに目がとまった時、はたと気がついた。

——ひょっとして幽霊って、あの人たちのことなんじゃ？

S氏は愕然とした。
よくよく考えてみれば、平日の昼日中に若い男のグループがあんなところに屯していることがそもそもおかしい。仮に旅行者か何かなら、毎日のように自分と遊んでくれるはずもない。
彼らが幽霊だとすれば、確かに辻褄が合うような気もする。

でも……。

でも、彼らは本当に優しかった。ひとりぼっちの自分に声をかけてくれ、いっしょに遊んでくれた。そんな彼らが、怖ろしい日本軍だとは思えない。幽霊だとは思えない。

でも……。

でも、確かにおかしな話ではある。ずっといっしょに遊んでいたのに、なぜ彼らの顔や姿をはっきりと思い浮かべられないのだろう。そういえば彼らとの時間は、なんとなくふわふわして、実感がないようにも思える。どこに住んでいるのか、どこから来ているのかもわからない。

でも……。

でも、竹とんぼは確かにここにある。幽霊が竹とんぼをくれるだろうか。

でも……。

もし日本軍だったら怖い。幽霊だったら怖い。だからもう会いたくない。明日からは、もうあの場所へは行かない。

でも……。

彼らに明日も遊ぼうと約束した。もし自分が行かなかったら、彼らは心配するかもしれない。彼らは悲しむかもしれない。

「ううう……」

S氏は声をあげて泣いた。

泣きながら、大切にしている物をしまっておくための宝箱の中に竹とんぼを入れ、押入れの奥にしまいこんだ。たとえ怖ろしい幽霊にもらったものであれ、自分にとっては大事なものだ。

けれど、目に付くところに置いておくのは怖い。どうしてよいかわからず、いわば封印するような気持ちで奥へとしまい込みながら、明日からはもう、あの場所へは行かないと決意した。

ごめんなさい。約束を破ってごめんなさい。みんなほんとにいい人です。でも……。でも、怖いんです。

結局その晩は一睡もできず、翌日は一日中、家に籠もって過ごした。

二学期になると、登校日のことがきっかけになったのか、A君が話しかけてくるようになり、その流れでS氏はA君の仲良しグループの一員となった。そうなるとクラスにも学校にも、そして地域にも自然となじんでいったという。

友人たちと一緒に遊ぶのに忙しくなったS氏は、次第にあの若者たちのことを忘れていった。押し入れにしまい込んだ、だいじな竹とんぼのことも。

大学の四年間は地域を離れたが、卒業とともにこの地に戻って就職した。ここで知り合った女性と結婚し、A君やその仲間とは今も親交がある。S氏にとっては、名実ともにここが「地元」だ。

そんな暮らしのなかで、あの夏に出会った若者たちのことは、まるで削除された記憶かのように頭からすっかり欠落していたという。

ある時期から行政が地元の歴史を顕彰しようと画策し、ちらほらある史跡や景勝を整備し始めた。旧海軍航空基地跡も公園のようなかたちに整備され、記念碑などが建てられることになった。行政にしてみれば、あわよくば観光地化しようなどという下心もあったに違いない。そんな話を聞いた時も、S氏はまだ何も思い出せずにいた。

ところが、いよいよ整備事業が始まろうという頃、何とはなしに近くを車で走行中、区画を囲うように設置されたフェンスが視界に入った途端、全てを思い出したのだ。

なぜあんなに大切な思い出を忘れてしまっていたのか。また、どうしてこんなことをきっかけに全てを思い出したのか。自分でもよくわからない。

S氏には今、ちょうど小学四年生になる息子さんがいる。

不思議と幼いころから空を飛ぶおもちゃが大好きで、凧や紙飛行機やお手製のパラシュートなどで嬉々として遊んでいたという。今は庭先で小さなドローンのおもちゃを浮かばせるのに夢中になっているそうだ。

「竹とんぼをちゃんととっておかなかったのは、ほんとに悔やまれるんですが……」

竹とんぼを入れていた宝箱は、確か中学生の頃までは押し入れの中にあったはずだという。ただその後、あの箱ごとどこに行ったのかわからなくなってしまった。今となっては探しようもない。

「あの竹とんぼがあれば、息子もきっと喜んだと思うんですよね」

S氏はそう言って目を細め、窓の外に広がる空を眺める。抜けるような青空に、一条の飛行機雲。

太平洋戦争末期、この地の海軍航空基地からは、百五十余名の若者が特別攻撃隊員として出撃していったという。

あとがき

最後までお読みいただきましてありがとうございます。

まずは本書を手にとっていただきましたことに、心より感謝申し上げます。そしてこの場を借りて、原話を提供してくださったみなさまや、資料収集・取材等にご助力くださったみなさまなど、ご協力をいただきました方々に厚く御礼を申し上げます。

さて、繰り返しになりますが、これらは基本的には誰かが僕に語ってくれた話です。つまりここに収められているような事柄は、ひょっとするとわれわれの日常のなかで普通に起こっている、身近な出来事なのかもしれません。それに気が付くかどうかの問題はあるにせよ。

とすると、これらと似たような出来事を、みなさまの周りの人々や、あるいは、あなた自身が体験されることがあるかもしれない、と言えるわけです。

もしも今後、みなさまが本書にあるようなおかしな出来事を見聞きすることがあったなら――。

その際は、どうかぜひそのお話を僕までお寄せください。

なお本書は、株式会社竹書房さまの、とりわけ、小川よりこさまのご助力・ご尽力によってかたちになったものです。そういう意味で本書は、ふたりの小川による作品であると言って過言ではないでしょう。最後にその点、御礼を申し上げたうえで筆を置きたいと思います。

令和四年九月

丸太町 小川

実話拾遺 うつせみ怪談

2023年2月6日　初版第一刷発行

著者……丸太町小川
カバーデザイン……橋元浩明（sowhat.Inc）

発行人……後藤明信
発行所……株式会社　竹書房
〒102-0075　東京都千代田区三番町8-1　三番町東急ビル6F
email: info@takeshobo.co.jp
http://www.takeshobo.co.jp
印刷・製本……中央精版印刷株式会社